EN CUANTO
AL RECOBRO
DEL SEÑOR

WITNESS LEE

Living Stream Ministry
Anaheim, CA

© 2001 Living Stream Ministry

Todos los derechos reservados. Ninguna parte de esta obra puede ser reproducida o trasmitida por ningún medio —gráfico, electrónico o mecánico, lo cual incluye fotocopiado, grabación o sistemas informáticos— sin el consentimiento escrito del editor.

Primera edición: octubre del 2001.

ISBN 0-7363-1351-6

Traducido del inglés
Título original: *Concerning the Lord's Recovery*
(Spanish Translation)

Publicado por
Living Stream Ministry
2431 W. La Palma Ave., Anaheim, CA 92801 U.S.A.
P. O. Box 2121, Anaheim, CA 92814 U.S.A.

Impreso en los Estados Unidos de América

01 02 03 04 05 / 9 8 7 6 5 4 3 2 1

CONTENIDO

Título	*Página*
Prefacio	5
1 Introducción	7
2 El recobro de la expresión de Dios	17
3 El contenido de la expresión de Dios en cuanto a su modelo	29
4 El contenido de la expresión de Dios en cuanto a su realidad (1)	43
5 El contenido de la expresión de Dios en cuanto a su realidad (2)	57
6 El aspecto práctico y la consumación de la expresión de Dios	71
7 No la apariencia externa, sino la realidad interna	83

PREFACIO

Este libro contiene una serie de mensajes que fueron dados en el verano de 1983 en Irving, Texas. Estos mensajes abarcan los aspectos principales del recobro del Señor, a saber, el recobro de la impartición del Dios Triuno como vida en Su pueblo redimido, a fin de que Dios pueda expresarse plenamente en la tierra.

La palabra recobro implica que algo que existía anteriormente en un estado normal, se perdió o se arruinó; por tanto, existe la necesidad de volverlo a su condición original. Muchos cristianos consideran que el recobro del Señor es simplemente un recobro de doctrinas, prácticas y experiencias espirituales que han sido dañadas o perdidas, tales como la justificación por fe, la vida de santidad, el presbiterio, el bautismo por inmersión, diversos aspectos de la vida de iglesia, etc. Ciertamente estos elementos forman parte del recobro del Señor, pero no constituyen el aspecto central.

Para conocer el aspecto central del recobro del Señor, necesitamos recibir la revelación completa de la Biblia. Tanto en el Antiguo Testamento como en el Nuevo se revela claramente que el propósito, la intención y la meta de Dios es que el hombre sea Su expresión. En ellos también se ve claramente lo que Dios ha realizado para lograr dicha meta y cómo Satanás, el enemigo de Dios, corrompe y destruye lo que Dios ha realizado. Finalmente, los dos testamentos revelan cómo Dios opera, después de la destrucción que Satanás produce, a fin de recuperar Su expresión; dicha obra constituye el tema fundamental del recobro del Señor. Dios planea y realiza algo; luego, Satanás lo destruye; pero al final, Dios lo recobra.

Génesis 1:26-27 revelan que el hombre fue creado a la imagen de Dios; es decir, que el hombre fue creado para expresar al Dios Triuno. El Antiguo Testamento, que es un modelo o tipo, y el Nuevo Testamento, la realidad o cumplimiento de dicho modelo, revelan que Dios desea que el hombre llegue a ser un pueblo que lo exprese plenamente en la tierra. En la era presente, este pueblo es el templo de Dios (Ef. 2:21-22) y también el Cuerpo de Cristo, la plenitud de Aquel que todo lo llena en todo (Ef. 1:22-23). Esta entidad corporativa, la iglesia, es la manifestación de Dios en la carne (1 Ti. 3:15-16). La expresión máxima del Dios Triuno consumará en la Nueva Jerusalén, donde todo el pueblo redimido de Dios será una entidad colectiva que expresa a Dios por la eternidad.

El enemigo de Dios aborrece la expresión de Dios y la ha dañado y arruinado extensamente. Por eso, hoy en la iglesia existe la necesidad de que haya un recobro de Su expresión. ¡Que todos oremos por esto!

Benson Phillips
Irving, Texas
Agosto de 1983

Capítulo uno
INTRODUCCION

La palabra "recobro" implica que algo que existía originalmente, se perdió, así que existe la necesidad de recuperarlo y volverlo a su estado original. Dicho vocablo es, sin duda, simple y sencillo; sin embargo, cuando nos referimos al recobro del Señor, necesitamos aplicarlo a la revelación entera de la Biblia. Desde esta perspectiva, el recobro del Señor es algo muy profundo y crucial. En cierto sentido, lo que la Biblia manifiesta es una revelación acerca del recobro.

EL PROPOSITO DE DIOS

Primero que todo, la Biblia revela claramente el propósito de Dios y Su objetivo. La Biblia muestra que Dios tiene una intención, un propósito, con una meta como Su objetivo. Si no tenemos una visión clara de lo que Dios desea y se ha propuesto obtener, no podremos entender qué es el recobro del Señor. Por tanto, necesitamos ver la intención de Dios, Su propósito, Su plan eterno.

LO QUE DIOS HA LOGRADO

La Biblia presenta un cuadro claro no sólo del propósito de Dios, sino también de lo que El ha logrado conforme a Su propósito. Primero, Dios se propuso hacer algo, y luego, El realizó lo que se propuso. Aparentemente el Antiguo Testamento es sólo la historia de varios hombres notables y de un pueblo, la nación de Israel. Pero en realidad, la historia de estos hombres y de la nación de Israel es simplemente la historia de lo que Dios ha realizado.

También el Nuevo Testamento narra una historia. Primero, presenta la historia de un hombre llamado Jesucristo, una Persona maravillosa cuya vida está relatada en cuatro libros. Los cuatro Evangelios describen la historia de Cristo. Luego, a partir del libro de Hechos hasta el final del Nuevo Testamento, se narra la historia de la iglesia. Así que toda la Biblia, tanto el Antiguo como el Nuevo Testamento, es un libro de historia que muestra los logros de Dios, Su mover.

EL ENEMIGO DE DIOS

En tercer lugar, la Biblia presenta claramente la manera en que el enemigo de Dios se infiltró para destruir lo que Dios había logrado. La manera satánica de destruir los logros de Dios tiene dos aspectos: el interno y el externo. El aspecto interno consiste en arruinar al pueblo escogido de Dios, o sea, corromperlo y envilecerlo. En el Antiguo Testamento, una vez que Dios había realizado Su propósito, Satanás se introdujo para arruinar a los hijos de Israel a fin de que éstos se envilecieran y se corrompieran interiormente. Luego, Satanás destruyó los logros externos de Dios. El templo, que era la expresión de Dios, fue destruido, y el pueblo escogido de Dios fue llevado en cautividad. Esto significa que se perdió todo lo que Dios había realizado.

EL RECOBRO EFECTUADO POR DIOS

En cuarto lugar, la Biblia muestra que Dios tiene un propósito eterno. El es un Dios de propósito, y una vez decide hacer algo, no hay nada que pueda detenerle ni hacerle desistir. Aparentemente, hay cosas que pueden obstaculizarle hasta cierto grado; no obstante, no hay nada que pueda detenerle. Después de la destrucción llevada a cabo por Satanás, Dios intervino para rehacer lo que El había realizado anteriormente. Esta restauración es Su recobro, es decir, Dios recupera lo que Satanás, Su enemigo, ha destruido.

EL MODELO PRODUCIDO
EN EL ANTIGUO TESTAMENTO

La Biblia consta de dos Testamentos: el Antiguo y el Nuevo. Dios es sabio, y en Su sabiduría supo de antemano que lo que El quería lograr con Su criatura, el hombre, no iba a ser tan sencillo. Así que, primero preparó el Antiguo Testamento como un "tipo" o representación anticipada de la realidad. Antes de que Dios viniera a producir lo real en el Nuevo Testamento, El se tomó el tiempo de hacer un modelo en el Antiguo Testamento. Por ejemplo, antes de que se construya un edificio los arquitectos diseñan planos y, conforme a esos planos, crean una maqueta o modelo del edificio. Lo que Dios hizo en el Antiguo Testamento fue un modelo de lo que El realizaría en el Nuevo Testamento. Es decir, lo que El hizo y logró en el Antiguo Testamento no era el producto verdadero, sino sólo un modelo. Si usted tiene una visión clara de la Biblia, verá que el modelo hecho en el Antiguo Testamento era exactamente lo mismo que la realidad producida en el Nuevo Testamento. De hecho, los dos Testamentos revelan lo mismo: uno es el modelo, y el otro, la realidad de dicho modelo. Por ejemplo, en el Antiguo Testamento podemos ver la predestinación, la elección, el llamamiento, la redención, la justificación y la salvación de Dios. Todas las cosas cruciales del Nuevo Testamento estaban presentes en el Antiguo Testamento. En el Antiguo Testamento vemos los tipos de la regeneración y la transformación, así como también el hecho de que se reunió al pueblo de Dios a fin de que fuese edificado como la morada de Dios. Aunque en el Antiguo Testamento no se menciona la iglesia, el modelo de la iglesia sí está allí. Tanto el templo como el pueblo de Israel representan la iglesia, y hay otras cosas en el Antiguo Testamento que también la tipifican. El modelo completo de la iglesia presentado en el Antiguo Testamento era el templo. Cuando se edificó por completo el templo, la gloria de Dios descendió sobre él, lo cual significa que Dios mismo descendió como la gloria para cubrirlo y llenarlo de Sí mismo. Este era un cuadro del pleno cumplimiento del propósito de Dios.

No obstante, Satanás se infiltró para corromper y degradar al pueblo de Dios. El templo fue edificado durante el glorioso reinado de Salomón; sin embargo, Salomón mismo encabezó la corrupción del pueblo de Dios. El fue el primero que se envileció debido a sus concubinas paganas, quienes introdujeron ídolos que corrompieron a todo el pueblo. La nación entera de Israel se degradó; por tanto, Dios no tuvo manera de morar entre ellos y se vio forzado a abandonarlos.

Posteriormente, el ejército babilónico destruyó el templo y la ciudad santa, y se llevó al pueblo cautivo a Babilonia. El primer antepasado de los hijos de Israel fue Abraham, quien fue llamado a salir de Babel, la cual posteriormente llegó a ser Babilonia. Satanás condujo a todos los descendientes de Abraham de regreso al mismo lugar de donde Abraham había sido llamado a salir. De este modo, se perdió todo lo que Dios había logrado.

UN NIVEL DE CALIDAD MAS ELEVADO

No obstante, después de setenta años, Dios intervino para llevar a cabo una obra de recobro; El vino a recobrar lo que se había perdido. Al recobrarse la expresión de Dios, la magnitud de ésta no fue como la de la original, pero la calidad fue más elevada. Los hombres dan mucha importancia al tamaño de las cosas, pero Dios se interesa por la calidad. Al leer Esdras, Nehemías, Hageo y Zacarías vemos que el pueblo que regresó de la cautividad había sido profundamente quebrantado por Dios, y su moral y carácter espirituales fueron más elevados que la de los hijos de Israel antes de la edificación del templo. En cierto sentido, Salomón no era muy moral, pues tenía muchas concubinas. Esto es terrible, y pone en evidencia la corrupción de ese rey sabio. No hay duda de que él fue muy sabio; sin embargo, era una persona corrupta. ¡Tenía una moralidad muy baja! No obstante, después de la cautividad, en el recobro, el carácter del pueblo de Dios se elevó significativamente. Si evaluamos a Esdras y a Nehemías, tendremos que admitir que estos líderes fueron puros y morales, y su carácter era más elevado. Así que, la calidad del recobro del Señor fue más elevada que la que existía anteriormente.

LA REALIDAD PRODUCIDA EN EL NUEVO TESTAMENTO

El Antiguo Testamento se inicia con el primer Adán, quien es Adán mismo, y el Nuevo Testamento comienza con el postrer Adán, quien es Cristo. El modelo presentado en la Biblia empieza con el viejo hombre, pero la realidad producida en el Nuevo Testamento comienza con el nuevo hombre. Decir que Cristo es el postrer Adán significa que El da fin al linaje adámico, puesto que fue el último del linaje de Adán. El viejo hombre fue destruido en Cristo. Además, Cristo es el segundo hombre, lo cual significa que hay un nuevo comienzo. Por consiguiente, vemos que el modelo empezó con el primer Adán, y la realidad comenzó con el último Adán, el segundo hombre. Al leer el Nuevo Testamento vemos a Jesucristo, hijo de David, hijo de Abraham; éste es un nuevo comienzo. Tal como el primer Adán se reprodujo hasta llenar la tierra, también el postrer Adán, Cristo, produjo muchos miembros, Sus creyentes, para llenar toda la tierra. Con este Cristo, que produjo muchos miembros, Dios realizó Su propósito. A partir de Pentecostés se comenzó a edificar la iglesia, el templo de Dios. Lo que se produjo esta vez no fue el modelo, sino la realidad de dicho modelo.

BABILONIA LA GRANDE

Pero al poco tiempo, así como lo había hecho en el Antiguo Testamento, Satanás se infiltró de nuevo para arruinar a los creyentes, ya que los corrompió y rebajó la norma del carácter cristiano. A consecuencia de esto, los cristianos llegaron a ser exactamente como los hijos de Israel habían sido en el Antiguo Testamento; se volvieron idólatras y abandonaron a Cristo por otras cosas. Luego, Satanás destruyó la iglesia y se llevó a los creyentes cautivos a Babilonia. Esta es la razón por la que Babilonia existe no sólo en el Antiguo Testamento, sino también en el Nuevo Testamento. En Apocalipsis 17 vemos a Babilonia la Grande, la cual incluye tanto al catolicismo como a sus hijas, que son todas las denominaciones protestantes. En el Antiguo Testamento Babilonia era sólo un modelo, pero en el Nuevo Testamento, Babilonia la Grande es la realidad de dicho modelo. Por supuesto, estas palabras son ofensivas para la cristiandad; sin embargo, no somos nosotros sino la Biblia la que menciona a la gran ramera y a sus muchas hijas. Debido a que tales palabras ciertamente constan en el Nuevo Testamento, deben de referirse a personas reales. ¿Quién es la gran ramera hoy? ¿Y quienes son sus hijas? Si esto no se refiere a la Iglesia Católica Romana y a todas las denominaciones, entonces ¿a quién se aplican estas palabras? Veamos la situación actual. ¿No existe una gran ramera que comete fornicación constantemente? En la Biblia, esta fornicación significa que el pueblo de Dios se ha apartado de El yendo en pos de otras cosas que no son Dios, del mismo modo que una esposa puede abandonar a su esposo por otra persona. La Biblia nos dice que en el universo Dios mismo es el Esposo único, y que Su pueblo es Su esposa (Is. 54:5; Jer. 31:32). Cristo es el Novio y, como tal, vino por la novia (Jn. 3:29).

En 2 Corintios 11 Pablo dice que él había desposado a los creyentes con un solo esposo, presentándolos como una virgen pura a Cristo; y al final de la Biblia, en Apocalipsis 19, vemos la boda de Dios y Su pueblo. El pueblo de Dios comete fornicación cuando abandona a Dios y va en pos de otras cosas. El catolicismo se alejó de Dios y fue en busca de algo más; bajo este mismo principio, las iglesias protestantes se han alejado de Cristo el Señor yendo en pos de cosas ajenas a El. Por tanto, a los ojos de Dios, el catolicismo es la gran ramera, y las denominaciones y divisiones protestantes son las hijas de la gran ramera.

Debido a esta situación, es necesario efectuar un recobro. En tiempos antiguos el pueblo fiel de Dios fue llamado a salir de Babilonia y regresar a Jerusalén. Ese fue el recobro efectuado en el Antiguo Testamento. Actualmente también existe la necesidad de salir de Babilonia la Grande y regresar a la vida apropiada de iglesia.

SE RECOBRAN LOS DIFERENTES ASPECTOS DE CRISTO

Cuando el pueblo de Dios fue capturado en el Antiguo Testamento, se perdieron todas las cosas santas. En el modelo descrito en el Antiguo Testamento, Nabucodonosor, rey de Babilonia, destruyó el templo con su ejército, llevó cautivos a los hijos de Israel y también se apoderó de los utensilios del templo. En el recobro, se devolvieron de Babilonia a Jerusalén (Esd. 1:7-11) todos los utensilios del templo, los cuales representan diferentes aspectos de Cristo. Así que en el Nuevo Testamento, cuando Satanás llevó cautivos a los santos neotestamentarios de regreso a Babilonia la Grande, también se apoderó de todas las cosas santas, es decir, de los diferentes aspectos de Cristo. En el catolicismo, es difícil que las personas conozcan la verdad respecto a Cristo como nuestra justicia, como nuestra santidad, como nuestra vida y como nuestro suministro de vida. Todas estas cosas se han perdido, y ahora el Señor desea recobrarlas. El no sólo quiere llamar a Su pueblo fiel a que salga de Babilonia y regrese a la vida apropiada de iglesia, sino que también desea recobrar todos los diferentes aspectos de Cristo que se han perdido. Hemos dado mensaje tras mensaje con el fin de recobrar nuestra experiencia de todos los aspectos de Cristo.

UN TESTIMONIO PURO DE JESUS

El recobro del Señor está realmente entre nosotros, y aunque su tamaño es bastante pequeño, la norma de su carácter es más elevada que el cristianismo. En el recobro del Señor se debe guardar y mantener una norma elevada de carácter. Muchos me han preguntado: ¿Quiere usted decir que todos los demás cristianos están corrompidos y únicamente los de la iglesia local no lo están? Eso no es lo que estoy diciendo. Si alguien se corrompe, ciertamente ya no está en la realidad del recobro del Señor. Cualquier cosa y cualquier persona que se corrompa, ya no está en el recobro. Las iglesias locales se componen de creyentes que han sido recobrados de su corrupción y traídos a la vida de iglesia pura. La iglesia local no es una organización ni un grupo religioso; más bien, la iglesia local es la vida de iglesia pura, el testimonio puro de Jesús. Si nos corrompemos, ya no estamos en la realidad del recobro del Señor.

Esta es la razón por la que en el Nuevo Testamento el apóstol Pablo no toleraba ninguna clase de inmoralidad. En 1 Corintios 5 Pablo exhortó a la iglesia a que no se asociara con personas inmorales. La iglesia, el testimonio puro de Cristo, no debe tolerar ninguna impureza ni inmoralidad; antes bien, debe ser pura. Una vez que la iglesia se corrompe, pierde su naturaleza y posición como testimonio del Señor. Al hablar de las iglesias locales, nos estamos refiriendo a los que aman genuinamente a Cristo, aquellos que sólo buscan a Cristo. A lo largo de todos los siglos, estos creyentes son los verdaderos constituyentes de la iglesia local. Tenemos que salir de Babilonia y alejarnos de toda corrupción y degradación.

Algunos me han preguntado: ¿Está usted diciendo que no hay verdaderos cristianos en la Iglesia Católica ni en las denominaciones protestantes? Claro que sí hay. No obstante, veamos otra vez la tipología del Antiguo Testamento. Muchos hebreos se quedaron en Babilonia; incluso Daniel también estaba allí. Aunque Daniel no tuvo la oportunidad de regresar, no nos olvidemos que él abría sus ventanas tres veces al día para orar hacia Jerusalén (Dn. 6:10). El no pudo salir de Babilonia, pero se había consagrado absolutamente al recobro. Sinceramente creo que el recobro fue fruto de su oración, ya que oró mucho en Babilonia para que el pueblo de Dios saliera de allí.

LA LINEA DEL RECOBRO DEL SEÑOR

Los términos reformación o restauración no son tan adecuados; la palabra apropiada es recobro. Según el concepto humano, Martín Lutero fue quien inició la reforma, pero Dios lo usó para recobrar sólo un aspecto de Cristo, que es la justificación por fe. De hecho, lo que se recobró fue el aspecto de Cristo como nuestra justicia, pues dicho "utensilio" se había perdido. Ese utensilio del templo santo había sido llevado a Babilonia por el catolicismo; por eso, Dios usó a Martín Lutero para recobrarlo. La justificación por fe es, en realidad, experimentar a Cristo como nuestra justicia. Ese aspecto era uno de los principales utensilios en el templo de Dios, pero lamentablemente se perdió cuando el catolicismo se apoderó de él; por consiguiente, Dios usó a Martín Lutero para recobrar dicho utensilio.

De hecho, el recobro comenzó con la presencia de Pablo en la tierra. El escribió 2 Timoteo para recobrar, ya que en aquel tiempo la iglesia había sido arruinada. Así que, Pablo escribió 2 Timoteo para recobrar la vida de iglesia, que se había corrompido, y vacunarla con la verdad. Ese fue un recobro.

El apóstol Juan, quien escribió sus libros aproximadamente 25 años después de Pablo, también escribió para recobrar. El Evangelio de Juan, sus epístolas, y el libro de Apocalipsis, todos fueron escritos para recobrar. Cuando leemos las epístolas a las siete iglesias en el libro de Apocalipsis, podemos notar que éstas son epístolas de recobro.

Algunas de las iglesias se habían corrompido y habían perdido su testimonio, así que las siete epístolas fueron escritas con la finalidad de recobrarlas. El recobro comenzó desde el fin del primer siglo, y no se ha detenido hasta el día de hoy. Al leer la historia de la iglesia podemos ver que el recobro ha ido avanzando siglo tras siglo, y podemos trazar la línea del recobro del Señor desde el final del primer siglo hasta hoy. Este recobro ha ido aumentando constantemente y nunca se ha intensificado tanto como en el presente. Aunque el recobro del Señor ya estaba presente aun antes de Martín Lutero, no era notado por la gente del mundo porque estaba escondido.

La historia muestra que la Iglesia Católica mató a más cristianos que el Imperio Romano; esto significa que mientras el Señor estaba efectuando una obra de recobro en aquel tiempo, la Iglesia Católica mataba a las personas que participaban en dicho recobro. No obstante, el recobro siguió avanzando de una manera firme y sólida durante los siglos que se halló bajo el Imperio Romano y bajo la Iglesia Romana. La Iglesia Romana usó a los gobernantes seculares para matar a las personas del recobro, y la Iglesia de Inglaterra quemó en la hoguera a muchos fieles. Madame Guyon, que estaba en el recobro, fue encarcelada por la Iglesia Católica. John Bunyan, el autor de "El progreso del peregrino", fue perseguido por la Iglesia de Inglaterra. Estos son ejemplos de personas que estuvieron en el recobro.

EL RECOBRO DE LA VIDA DE IGLESIA

Hace dos siglos y medio, el recobro de la vida de iglesia empezó a tomar forma con Zinzendorf, pues él practicó la vida de iglesia en Bohemia como parte del recobro del Señor. Posteriormente, en Inglaterra, la Asamblea de los Hermanos recibió aún más luz respecto a la iglesia y ellos practicaron la vida de iglesia de una manera aún más completa que Zinzendorf. En la actualidad nosotros también estamos practicando la vida de iglesia. Zinzendorf practicó la vida de iglesia en el siglo dieciocho, la Asamblea de los Hermanos la practicó en el siglo diecinueve, y nosotros la estamos practicando en el siglo veinte. Consideramos que éstos son tres pasos o etapas: la práctica de Zinzendorf, la práctica de la Asamblea de los

Hermanos, y ahora la práctica que tenemos entre nosotros. Por supuesto, a medida que progresa, el recobro ha ido creciendo y enriqueciéndose.

CAPITULO DOS

EL RECOBRO DE LA EXPRESION DE DIOS

Lectura bíblica: Gn. 1:26a, 27; 28:16-19; Ex. 25:8-9; 40:1, 34-35; 1 R. 7:51; 8:10-11; Esd. 1:3, 5; Jn. 1:14; 2:19-20; Ef. 1:22-23; 2:19-22; 1 Ti. 3:15-16; Ap. 21:2-3

En este mensaje queremos ver el recobro de la expresión de Dios. En la historia de la iglesia existió un período de reforma, y en la actualidad aún existen denominaciones que usan este término, por ejemplo, la Iglesia Holandesa Reformada. Algunas personas definen la reforma como una clase de restauración. Sin embargo, al referirnos al mover actual del Señor preferimos usar la palabra recobro. Esta palabra implica que algo que existía originalmente, se perdió; así que, es necesario recobrar lo que se ha perdido. En el sentido espiritual, éste es el verdadero significado de la palabra recobro. Si conocemos la Biblia, veremos que el recobro del Señor no se encuentra únicamente en el Nuevo Testamento, o sólo en el presente, sino también en el Antiguo Testamento.

EL ANTIGUO TESTAMENTO Y EL NUEVO TESTAMENTO

Estos dos Testamentos, el Antiguo y el Nuevo, en realidad revelan lo mismo. El Antiguo Testamento revela el modelo de la realidad que se producirá en el Nuevo Testamento. San Agustín dijo que el Nuevo Testamento se halla oculto en el Antiguo Testamento, y que éste se manifiesta en el Nuevo. Escuché esto cuando era joven, y lo he guardado como un proverbio que me ha ayudado a estudiar y a entender la Palabra Santa. Me recuerda constantemente que todo lo que se halla en el Antiguo Testamento, estará también en el Nuevo; y que todo lo que se halla en el Nuevo Testamento, ya existía en el Antiguo.

Por ejemplo, en el Antiguo Testamento, el libro de Exodo describe el tabernáculo; luego, en el Nuevo Testamento, el Evangelio de Juan comienza mencionándolo (Jn. 1:14); y Apocalipsis, el último libro de la Biblia, concluye hablando de lo mismo (Ap. 21:3). El Evangelio de Juan dice que en el principio era el Verbo, y que el Verbo era Dios, y que este Verbo se hizo carne y fijó tabernáculo entre nosotros (Jn. 1:1, 14). El hecho de que El moró entre los hombres indica que había fijado tabernáculo entre ellos; en otras palabras, un tabernáculo moraba entre el linaje humano. Al final de la Biblia, que es también la conclusión de los escritos de Juan, vemos la Nueva Jerusalén, la cual es la consumación del tabernáculo revelado en la Biblia.

Por medio de este ejemplo podemos ver que los asuntos cruciales presentes en el Antiguo Testamento también se hallan en el Nuevo Testamento. Así que, los dos Testamentos revelan lo mismo; la única diferencia radica en que el Antiguo Testamento presenta un modelo, y el Nuevo Testamento, la realidad. Por ejemplo, primero se diseñan los planos arquitectónicos, después se construye un modelo conforme a éstos, y finalmente, se construye el edificio. El edificio en sí concuerda absolutamente con el modelo, tanto en el diseño como en los detalles. En el Antiguo Testamento tenemos el modelo, y en el Nuevo Testamento, la realidad.

EL RECOBRO DEL SEÑOR

Cuando tenía unos veinte años llegué a saber acerca del recobro al leer la Biblia y al estudiar otros escritos cristianos, en especial, los de los Hermanos. Ellos hablaron respecto a los que regresaron de la cautividad, pues indicaron que los hijos de Israel fueron llevados cautivos a Babilonia, y luego, después de setenta años, el Señor les mandó regresar a Jerusalén. Ese regreso fue un recobro genuino.

Algunos cristianos, cuando hablan acerca del recobro del Señor, se refieren al recobro de unas doctrinas. Por ejemplo, dicen que la doctrina de la justificación por fe se había perdido, pero que después fue recobrada por Martín Lutero.

Otros recalcan que ciertas prácticas han sido recobradas. Por ejemplo, hace más de trescientos años algunos creyentes del norte de Europa vieron el bautismo por inmersión. Ellos consideran que no sólo se ha recobrado la verdad concerniente al bautismo, sino también la práctica. Bautizar a las personas por inmersión en agua es una práctica.

Los presbiterianos consideran que ellos han recobrado el presbiterio. El presbiterio es el cuerpo de ancianos, lo cual se refiere al gobierno de la iglesia. El gobierno que ellos ejercen no es episcopal ni congregacionalista, sino que administran la iglesia por medio del presbiterio, el cuerpo de ancianos. Todos estos grupos consideran que han recobrado algunas verdades y prácticas. La mayoría de las denominaciones protestantes, en la actualidad, son el resultado de que se haya recobrado alguna doctrina o práctica.

EL RECOBRO CENTRAL

Aunque lo que se ha mencionado anteriormente son recobros, no están en la línea central. El tema principal revelado en la Biblia no es el bautismo por inmersión ni el presbiterio, ni tampoco alguna otra doctrina ni práctica. La línea central presentada en la revelación divina es que Dios desea ser expresado, es decir, el Dios Triuno anhela ser expresado en la humanidad. Dios es invisible, pero desea ser expresado. El Dios invisible desea ser visto mediante un instrumento, y este instrumento es la humanidad, el hombre que El mismo creó. El hombre y el universo fueron creados para este propósito específico. Dios creó los cielos y la tierra, las cosas inanimadas, la vida vegetal, la vida animal, y finalmente, la vida humana. Esto significa que todas las cosas fueron creadas para el hombre. Los cielos fueron creados para la tierra, y la tierra, para el hombre.

EL HOMBRE FUE HECHO A LA IMAGEN DE DIOS

El hombre fue hecho por Dios con un propósito definido. Dios es juicioso y resuelto. Conforme a Su propósito, El concibió un plan para crear el universo y para crear al hombre a fin de expresarse a Sí mismo. Génesis 1:26-27 ocupa un lugar importante en la Biblia, pues revela que cuando el Dios

Triuno planeó crear al hombre, al parecer sostuvo una conferencia. El versículo 26 dice "hagamos" al hombre. La Biblia no narra ninguna conferencia efectuada entre los tres de la Deidad antes de que se creara los cielos, la tierra, la vida vegetal o la vida animal. Sin embargo, antes de que Dios hiciera al hombre, hubo una conferencia entre los tres de la Deidad; allí se tomó la decisión de crear al hombre a la imagen de Dios y conforme a Su semejanza.

Todos debemos respetarnos a nosotros mismos porque hemos sido hechos conforme a la especie de Dios. En Génesis 1 vemos que la vida vegetal produce fruto según su propio género y que la vida animal produce fruto según su propio género, pero el hombre fue creado conforme a la especie de Dios. Nuestra imagen y semejanza son las de Dios. ¡No pensemos que esto significa que somos Dios! ¡No! Más bien, esto se asemeja a una fotografía. Si usted me toma una fotografía, puede decir que esa foto soy yo y también, que no soy yo; ambas afirmaciones son correctas. Esa fotografía no es la persona real. Cada ser humano es una fotografía de Dios. Dios tomó una sola fotografía, pero a través de las generaciones se ha llevado a cabo una maravillosa reproducción de dicha fotografía y ahora existen millones de copias. Todos nosotros somos fotografías de Dios.

Una fotografía, sin embargo, es sólo una imagen, pues no tiene contenido real ni vida. Así que en el segundo capítulo de la Biblia, una vez que Dios creó al hombre a Su imagen, El lo puso frente al árbol de la vida. Esta es una indicación contundente de que el hombre creado por Dios aún no poseía la vida de Dios; por tanto, Dios lo llevó frente al árbol de la vida, lo cual muestra que El quería que el hombre tomara de ese árbol a fin de que recibiera Su vida divina. Al comienzo de la Biblia vemos a un hombre que no solamente fue creado por Dios, sino que también fue creado conforme a Dios. Es decir, Dios hizo un duplicado de Sí mismo únicamente en cuanto a la apariencia externa, pero sin el contenido interior. Así, vemos al comienzo de la Biblia la expresión de Dios. El hombre fue hecho para expresar a Dios. Por consiguiente, no debemos expresarnos a nosotros mismos; más bien, debemos expresar a Dios porque fuimos hechos a Su imagen y conforme a Su semejanza.

LA EXPRESION DE DIOS EN EL ANTIGUO TESTAMENTO

La línea central revelada en toda la Biblia es la expresión de Dios. Génesis presenta nueve hombres notables que sobresalieron en el marco de la historia humana: Adán, Abel, Enós, Enoc, Noé, Abraham, Isaac, Jacob y José. Adán, el primero de ellos, llegó a ser un hombre caído. Abel regresó a Dios, tomando el camino de redención y de salvación provisto por El. Después vemos a Enós, quien comprendió que el hombre caído es débil, frágil e inútil; por tanto, no confió en sí mismo, sino que invocó el nombre de Jehová. Invocar el nombre de Jehová significa poner nuestra confianza en El. En otras palabras, reconocemos que somos seres caídos, pecaminosos, débiles, envenenados, corruptos, frágiles e incapaces en cuanto a la obra de Dios. Por consiguiente, ¿qué podemos hacer? Debemos olvidarnos de nosotros mismos e invocar el nombre de Jehová. Esto no es sólo invocar el nombre de Dios, ya que Jehová es Jesús en el Antiguo Testamento. Así que, Enós llegó a ser un hombre sobresaliente en la historia humana debido a que fue el primero en invocar el nombre del Señor. Para mí, invocar el nombre del Señor equivale a reconocer que no soy nada, que no puedo hacer nada y que no sirvo para nada. Debido a que no confío en mí mismo, pongo mi confianza en el Señor e invoco Su nombre.

Enoc, la cuarta persona notable, caminó con Dios. Esto muestra cierto progreso, ya que no sólo invocó el nombre del Señor, sino que caminó con El. El quinto hombre sobresaliente mencionado en Génesis es Noé, quien no sólo caminó con el Señor, sino que también laboró con El y para El. Noé edificó el arca con el Señor y para El.

Abraham, el sexto hombre sobresaliente, fue llamado a que saliera de la tierra idólatra. Su hijo Isaac y su nieto Jacob siguieron sus pisadas. Algo le sucedió a Jacob, lo cual muestra un desarrollo adicional en cuanto a la expresión de Dios. Cuando él estaba huyendo de su hermano, se recostó a dormir en el desierto y tomó una piedra como almohada (Gn. 28).

Durante la noche tuvo un sueño donde vio una escalera que llegaba hasta el cielo y vio a los ángeles descendiendo y ascendiendo sobre ella. Jacob llamó ese lugar puerta del cielo y casa de Dios, Bet-el, pues ésa era la morada de Dios. A la siguiente mañana él ungió con aceite su almohada de piedra y llamó ese lugar Bet-el, la casa de Dios; esto es muy significativo. Dios le dio a este vagabundo un sueño mostrándole que El deseaba obtener Bet-el, una casa en esta tierra. A los ojos del hombre, nada le expresa mejor a uno que su propia casa. Cuando usted mira el lugar donde vive una persona, inmediatamente puede darse cuenta qué clase de persona es ella. Dios desea obtener una morada en la tierra para expresarse a Sí mismo.

El noveno hombre notable mencionado en Génesis fue José, quien reinó en la tierra y expresó a Dios. Finalmente, todos los descendientes de Jacob fueron hechos prisioneros en Egipto. Pero después de cuatrocientos años, Dios sacó de Egipto a los hijos de Israel y los condujo al monte Sinaí, donde les reveló el tabernáculo. Dios quería que ellos fueran Su morada, a fin de que El se expresara entre ellos y por medio de ellos. Más tarde, dicho tabernáculo fue agrandado y llegó a ser un templo. El tabernáculo era la casa movible de Dios, pero el templo llegó a ser Su casa asentada sobre la tierra. Esto es lo que abarca todo el Antiguo Testamento. Primero, Dios obtuvo nueve hombres sobresalientes, desde Adán hasta José, quienes le expresaron de una manera limitada; posteriormente, en el segundo libro de la Biblia, Exodo, vemos que Dios obtuvo un pueblo, el cual llegó a ser Su expresión de manera plena.

LA EXPRESION DE DIOS EN EL NUEVO TESTAMENTO

La primera persona que el Nuevo Testamento menciona es Jesucristo. El era Dios hecho hombre, y se hizo un tabernáculo (Jn. 1:14). Cuando El estuvo sobre la tierra, fijó tabernáculo entre los hombres. El era la morada de Dios. El modelo del tabernáculo fue revelado en Exodo, mientras que el verdadero tabernáculo, Jesucristo, fue presentado en el Evangelio de Juan. Un día, este tabernáculo le dijo a los judíos que si ellos lo destruían, El levantaría el templo en tres días. Por supuesto, ellos le destruyeron crucificándole en la cruz, pero El se levantó a Sí mismo de forma agrandada. Todos nosotros formamos parte de ese templo que fue levantado, el cual es la iglesia. Esta es la expresión de Dios.

La morada y la plenitud

Por una parte, Efesios dice que nosotros somos juntamente edificados como templo de Dios para expresarle, y por otra, declara que la iglesia es el Cuerpo de Cristo, la plenitud de Aquel que todo lo llena en todo (Ef. 2:21-22; 1:23). ¿Qué es la plenitud? La plenitud es simplemente la expresión. Por ejemplo, si un vaso contiene agua pero ésta no rebosa, allí no hay plenitud. Sólo cuando el agua se desborda del vaso existe el rebosamiento, o sea, la plenitud; dicha plenitud es la expresión del agua. Nosotros somos vasos para contener a Dios (Ro. 9:21, 23). Si sólo contenemos un poco de Dios y no rebosamos de El, no existe la plenitud; y si no hay plenitud, tampoco hay expresión. La iglesia debe ser un vaso que esté lleno de Dios e incluso que rebose de El. Cuando la iglesia rebosa de Dios, allí está la plenitud, y dicha plenitud es la expresión de Dios. Por una parte, la iglesia es la morada de Dios, y por otra, debe ser la plenitud de Dios. Ser únicamente la morada de Dios no es suficiente, pues debemos también ser Su plenitud; de esta manera, la iglesia expresará a Dios. Cuando rebosamos de Dios, tenemos la plenitud de Aquel que todo lo llena en todo; así, llegamos a ser la plena expresión del maravilloso Dios todo-inclusivo.

La manifestación de Dios en la carne

En 1 Timoteo 3:15-16 Pablo dice que la casa de Dios es la iglesia del Dios viviente, columna y fundamento de la verdad, y que además es el Dios todo-inclusivo manifestado en la carne humana. Cuando juntamente expresamos la plenitud de Dios, los demás se darán cuenta de que esto es Dios manifestado en la carne. Aunque ciertamente somos hombres de carne, rebosamos de Dios. Entre nosotros se halla la manifestación del Dios invisible, y dicha manifestación es la expresión de Dios.

Dicha expresión, que es la iglesia hoy, tendrá su consumación máxima en la Nueva Jerusalén, el tabernáculo eterno. Todo el pueblo redimido de Dios será una entidad corporativa, la Nueva Jerusalén, que expresará a Dios por la eternidad.

LA DESTRUCCION DE LA EXPRESION DE DIOS

Satanás, el enemigo de Dios, aborrece la expresión de Dios. En el Antiguo Testamento, poco después de que Dios había conseguido Su meta de obtener dicha expresión, esto es, la edificación del templo, Su enemigo se infiltró para corromper intrínsecamente al pueblo de Dios. Cuando se edificó el templo, la gloria de Dios descendió sobre él, lo cubrió y lo llenó por completo. Dicha gloria era la expresión de Dios. Dios es invisible y está oculto. Pero una vez que El es expresado, eso es gloria. El templo representa la agrupación, el conjunto, de todos los hijos de Dios, lo cual es Su morada. En aquella morada, Dios se manifestó en gloria; no obstante, Satanás corrompió al pueblo de Dios en cuanto a su moralidad y conducta. Ese pueblo se arruinó y cayó en una condición tan pecaminosa que Dios no pudo morar más en el templo y tuvo que abandonarlo. Luego, el ejército babilónico vino a destruir el templo, se apoderó de los utensilios e incluso se llevó cautivo a la mayoría del pueblo. Entonces, Nabucodonosor, rey de Babilonia, puso los utensilios del templo de Dios en el templo de sus ídolos. Esto quiere decir que la expresión de Dios fue destruida; por tanto, hubo necesidad de un recobro.

Lo mismo aconteció en el Nuevo Testamento. Como mencionamos anteriormente, lo que sucedió en el Antiguo Testamento era un modelo, y la realidad de ese modelo se produjo en el Nuevo Testamento. En el Nuevo Testamento primero que nada vemos a un individuo, Jesucristo, esto es, Dios que se hizo hombre con la finalidad de fijar tabernáculo entre los hombres. Como individuo, El era la expresión de Dios, el tabernáculo; pero mediante Su muerte y Su resurrección, El se incrementó. El era el grano de trigo que cayó a tierra y murió, produciendo mucho fruto (Jn. 12:24). Por eso, en el día de Pentecostés la iglesia llegó a ser el tabernáculo agrandado. Ahora la expresión de Dios no se manifiesta por medio de un solo individuo, sino mediante un cuerpo colectivo.

Sin embargo, después de poco tiempo, incluso mientras Juan, Pedro y Pablo aún estaban vivos, la iglesia se corrompió intrínsecamente. La gloria de Dios dejó la iglesia. Satanás destruyó la iglesia y la condujo a la cautividad, o sea, la llevó de regreso a Babilonia. Al final del Nuevo Testamento vemos a Babilonia la Grande. A los ojos de Dios la cristiandad es Babilonia, en donde la iglesia se halla cautiva; así que, ahora también es necesario recobrarla.

LA EXPRESION DE DIOS POR MEDIO DE LA VIDA

Dios creó al hombre a Su propia imagen, con la intención de que éste le expresará por medio de la vida. La fotografía de una persona no puede expresar a dicha persona plenamente porque carece de vida y no tiene la facultad de pensar, de hablar ni de hacer algo. Para expresar a esa persona, la fotografía necesita su vida, o sea, es preciso que la persona entre en esa fotografía y la vivifique. En la Biblia encontramos este pensamiento divino de que Dios quiere ser el alimento y la bebida del hombre con el propósito de que éste participe de Su vida divina. Inmediatamente después de que el hombre fue creado, Dios lo condujo frente al árbol de la vida, indicando así que el hombre debía comer de dicho árbol. Vemos ese mismo árbol también al final de la Biblia. Según Apocalipsis 22:1, el río sale del trono de Dios, y a ambos lados del río crece el árbol de la vida. Así que, el árbol de la vida brota del Dios Triuno para ser nuestra vida y suministro de vida.

En Exodo, los hijos de Israel comieron la carne del cordero que fue inmolado para redimirlos. Ellos derramaron la sangre del cordero para la redención y después comieron su carne. Además, también comieron el pan sin levadura. Tanto la carne del cordero como el pan sin levadura representan a Cristo; esto significa que ellos comieron a Cristo. Al comer a Cristo, El entró en ellos. En el desierto ellos comieron el maná diariamente, el cual también tipificaba a Cristo, y bebieron del agua viva que brotó de la roca herida. El agua viva fue el rebosamiento de Cristo. Así que, ellos comieron y bebieron a Cristo, y El entró en ellos.

Además, los hijos de Israel presentaron ofrendas. La ofrenda de harina y la ofrenda de paz no sólo eran alimento para Dios, sino también para los sacerdotes servidores (Lv. 2:1-3). La ofrenda de paz era comida para todos los que estaban limpios (Lv. 7). Estos elementos, a saber, el cordero, el maná, el agua viva y todas las ofrendas, claramente muestran que Dios desea que Su pueblo lo coma a El, lo reciba a fin de que El sea la vida y el suministro de vida de ellos. Así que en el Nuevo Testamento, cuando el Señor Jesús vino, El declaró que era nuestro alimento para que le comiéramos. El es el maná celestial; El es el pan de vida (Jn. 6:35); y El también es el pan vivo (Jn. 6:51). En Juan 6:57 el Señor Jesús dijo: "El que me come, él también vivirá por causa de Mí".

En el capítulo siguiente, Juan 7, el Señor Jesús declaró: "Si alguno tiene sed, venga a Mí y beba". Todos estos versículos indican que Cristo es nuestra vida y suministro de vida. Luego, en el último libro del Nuevo Testamento, Apocalipsis, el Señor Jesús prometió que los vencedores comerían del árbol de la vida (Ap. 2:7) y del maná escondido (Ap. 2:17). En estos pasajes podemos ver que Dios quiere entrar en nosotros; de esta manera, El llega a ser nuestra vida, y nosotros, en vez de ser simples fotografías inanimadas, nos convertimos en personas vivificadas. El Cristo que mora en nosotros no es solamente nuestro Salvador, Maestro y Señor, sino también nuestra vida. El Señor vino para que tuviésemos vida y que la tuviésemos en abundancia (Jn. 10:10). ¡Aleluya! ¡Yo tengo Su vida abundante! Estoy lleno de Cristo; estoy lleno de vida.

Esta vida maravillosa que habita en nuestro ser también nos une. Debido a que el Señor Jesús mora en nosotros como nuestra vida, algo salta en nuestro interior cuando nos reunimos. Aun cuando no entendamos el idioma que hablan otros hermanos, algo salta dentro de nuestro ser debido a esta vida. Tenemos la vida divina en nosotros, y dicha vida nos une.

EL RECOBRO DE LA VIDA DIVINA

En la degradación del cristianismo se ha perdido por completo todo lo que tiene que ver con la vida divina. Una vez que no haya vida, tampoco habrá expresión de Dios. El recobro del Señor tiene como fin recobrar la expresión de Dios. No se trata de recobrar el bautismo por inmersión u otras doctrinas y prácticas, ya que éstos son temas menores y no lo principal.

La línea central del recobro del Señor consiste en recobrar nuestra experiencia de la vida divina, la cual está en nosotros, con el fin de que Dios obtenga Su expresión entre Su pueblo. Este es el punto crucial y principal que necesita ser recobrado. Estamos aquí en el recobro del Señor, en la vida de iglesia, no para recobrar algunas doctrinas o prácticas, sino para recobrar la expresión divina del Dios Triuno. Estamos aquí para recobrar nuestra experiencia de la vida divina, la cual poseemos, disfrutamos y vivimos diariamente. Cuando experimentemos este recobro central, tendremos todo lo que necesitamos.

Realmente no necesitamos ningún reglamento, pues este recobro central nos regula y nos gobierna cada día. En la iglesia no tenemos reglamentos acerca del tipo de ropa que debemos vestir, pero ciertamente la vida interior nos restringirá al respecto. El recobro de la vida divina que está en nosotros, la cual tiene como fin que Dios sea expresado, nos gobierna. Hay ocasiones en que somos tentados a vestirnos de cierta manera, pero la vida divina que está en nuestro interior nos restringe. Por ejemplo, no tenemos ningún reglamento que diga que las hermanas en la vida de iglesia deben llevar sus faldas de cierto largo, pero ha habido hermanas que han quemado sus faldas cortas. ¿Por qué lo han hecho? ¡Porque el Dios viviente que mora en ellas y que es su vida, ha requerido esto de ellas!

Hace unos días fui a una tienda a comprar una corbata. Tomé algunas corbatas y las miré. En las iglesias del recobro del Señor no tenemos ningún reglamento que nos impida vestir corbatas llamativas, pero sencillamente no me es permitido vestir esa clase de corbatas. ¿Quién es el que me restringe? ¡El Señor Jesús! No es el Jesús que está fuera de mí o el Jesús que está en el trono, sino el Jesús viviente que mora en mí y que es mi vida cotidiana. Dicha vida interior me gobierna. ¿Le gusta a usted comer cosas agrias? Si usted pusiera algo amargo o agrio en mi boca, yo lo escupiría inmediatamente. Pero si pone algo dulce en mi boca, me lo comería sin problema. En nosotros tenemos un "gusto" de vida. La vida divina opera, sirve y nos gobierna; ésta es la única restricción que tenemos en la vida de iglesia, y no es una restricción de letras.

Todo aquel que tiene a Cristo en su interior seguramente quiere ser sepultado bajo el agua, o sea, quiere deshacerse de sí mismo. Esto no es una doctrina ni una práctica con respecto a la inmersión, sino la vida interior que nos motiva a querer ser sepultados. Entre todos los santos en las iglesias del recobro del Señor, no existe ningún reglamento. Sólo tenemos la vida divina en nosotros, la cual está siendo recobrada en nuestra experiencia a lo sumo. También tenemos la Palabra santa en nuestras manos, para que crezcamos en la vida interior y seamos iluminados en nuestra senda. No tenemos ningún reglamento; sólo tenemos el recobro de nuestra experiencia de la vida divina, la cual está en nosotros, con miras a la expresión de Dios.

Capitulo tres

EL CONTENIDO DE LA EXPRESION DE DIOS EN CUANTO A SU MODELO

Lectura bíblica: Ex. 40:17-35; He. 9:2-5

La Biblia, desde la primera página hasta la última, revela la expresión de Dios. En el mensaje anterior indicamos que, cuando se menciona al hombre por primera vez en la Biblia, se afirma que él fue creado conforme a la imagen de Dios (Gn.1:26-27). Esto muestra que el hombre fue creado con la finalidad de expresar a Dios. Luego, Dios puso al hombre frente a un árbol llamado el árbol de la vida, lo cual revela que la intención de Dios era que el hombre comiera de ese árbol a fin de que disfrutara y participara de la vida divina de Dios.

LA EXPRESION DE DIOS EN EL ANTIGUO TESTAMENTO

En Génesis, el primer libro de la Biblia, se destacan nueve personas sobresalientes en el linaje humano. En el primero, Adán, vemos la caída del hombre, es decir, el hombre cayó en Adán. Después de Adán vino Abel, quien nos muestra cómo el hombre fue traído de regreso a Dios conforme al camino divino de salvación. El tercer hombre sobresaliente fue Enós. Muy pocos cristianos saben de Enós, cuyo nombre significa frágil, quebradizo y débil. Debido a que se dio cuenta de que él era una persona débil y frágil, comenzó a invocar el nombre de Jehová, el gran Yo Soy, el que era, es y será. En el Antiguo Testamento Jesús fue llamado Jehová, y Enós fue el primer hombre en la historia que invocó el nombre de esta Persona todo-inclusiva, el gran Yo Soy, y confió en El durante toda su vida. El cuarto hombre notable fue Enoc, quien caminó con Dios y llevó una vida en unión con El. El quinto hombre sobresaliente en el linaje humano fue Noé, quien no sólo caminó con Dios sino que también compartió los mismos intereses con Dios y obró juntamente con El, o sea, que Dios y Noé tenían el mismo interés. Por medio de estos cinco hombres notables podemos ver la posición que el hombre debe mantener.

En Génesis, vemos también otros cuatro personajes importantes: Abraham, Isaac, Jacob y José. Estos cuatro hombres en realidad conforman una sola persona completa. En el *Estudio-vida de Génesis* indicamos que las tres generaciones formadas por Abraham, Isaac y Jacob son en realidad tres aspectos de una sola persona completa. No debemos considerar que José es el cuarto aspecto; más bien, él es una extensión de Jacob. En Abraham, el padre, vemos que Dios le llamó a salir del mundo idólatra con el fin de que entrara en la esfera del disfrute pleno de las riquezas de Dios. Abraham fue llamado a salir de Ur de los caldeos y a entrar en Canaán.

En Isaac, el hijo, vemos una persona que heredó, poseyó y disfrutó todas las riquezas de Dios tipificadas por la buena tierra. Jacob, el nieto de Abraham, representa una persona que fue llamada y seleccionada por Dios con un destino específico, esto es, ser transformado en un príncipe de Dios. Por nacimiento, Jacob era un suplantador, uno que se agarraba del calcañar de otros; sin embargo, fue transformado en príncipe de Dios con el fin de ejercer el gobierno de Dios sobre la tierra. Finalmente José, como una extensión de Jacob o Israel, el príncipe de Dios, reinó sobre el mundo entero y les proveyó alimento. Por consiguiente, al juntar los aspectos de estas cuatro personas, quienes forman en sí una sola persona, vemos la elección, el llamamiento, la redención y la transformación que Dios efectúa para ejercer Su gobierno sobre la tierra. La meta de todo lo que Dios hace, consiste en obtener un hombre que le exprese.

No obstante, con estos nueve personajes destacados no podemos ver claramente la expresión de Dios, sino hasta que Israel, una persona transformada, fue multiplicada de tal forma que sus descendientes formaron un pueblo. El pueblo de Israel, una persona corporativa, fue usado por Dios para expresarle. Dios rescató a Su pueblo de la tiranía y esclavitud de Egipto y lo condujo hasta el monte Sinaí, donde ellos recibieron la revelación en cuanto a la edificación del tabernáculo de Dios sobre la tierra. Después de que se edificó por completo el tabernáculo, la gloria de Dios descendió de los cielos visiblemente a fin de morar entre los hombres. ¿No es esto maravilloso? Sobre la tierra ahora existía un pueblo entre el cual Dios había obtenido una morada para expresarse en Su gloria expandida. Al final de Exodo, vemos la plenitud de la expresión de Dios.

Consideremos las inmensas dimensiones del universo. En este universo existe un globo que fomenta toda clase de vida; es apto para la vida vegetal, la vida animal, la vida humana e incluso la vida divina, la cual se expresa por medio de la vida humana. En Exodo vemos que la vida divina vino a morar en Su gloria espléndida entre la vida humana, e incluso era visible a los ojos del hombre. De nuevo digo que al final de Exodo, la expresión de Dios en la tierra estaba completa. La expresión de Dios viajó por el desierto al menos durante treinta y ocho años. Israel fue un pueblo que no vivió dependiendo de lo que producía la tierra. Cuando iban por el desierto, ellos vivían y dependían del maná, de algo proveniente de los cielos. Temprano en la mañana ellos recogían el maná y también bebían del agua viva que brotaba y fluía de la roca que los seguía.

La morada de Dios se hallaba entre ellos; Dios no sólo moró en aquel tabernáculo, sino que también lo cubrió. En otras palabras, Dios se expresó plenamente en esa morada entre el linaje humano sobre la tierra. Desde Levítico hasta Malaquías hay treinta y siete libros en el Antiguo Testamento. ¿Qué contienen estos libros? En la primera etapa, el contenido es el tabernáculo, y en la segunda etapa, el templo. El tabernáculo era el precursor del templo. El tabernáculo, o sea el templo, fue el tema central de la historia contenida en estos treinta y siete libros. ¿Y qué era el tabernáculo o el templo? Era la expresión de Dios entre el linaje humano sobre la tierra. Es sumamente fácil recordar el Antiguo Testamento: se compone de nueve hombres sobresalientes más el tabernáculo y el templo. Finalmente, estos nueve hombres destacados llegaron a ser la morada de Dios; ésta es la manera de entender la Biblia desde una perspectiva celestial. El Antiguo Testamento presenta estos nueve personajes notables y la morada de Dios. Dicha morada era la expresión de Dios, la cual fue producto de estos nueve hombres sobresalientes.

LA EXPRESION DE DIOS EN EL NUEVO TESTAMENTO

El Nuevo Testamento no comienza con nueve personajes notables, sino con un hombre singular. Esta persona maravillosa es tanto Dios como hombre. El es el Dios de los cielos quien vino a ser un hombre en la tierra. El trajo los cielos a la tierra, y unió la tierra a los cielos. Ciertamente El fue la escalera que Jacob vio en su sueño (Gn. 28:12); esta escalera es la puerta misma del cielo y también la casa de Dios, Bet-el. Mientras estaba en la tierra, El tabernaculizaba. El tabernáculo, la primera etapa de la morada de Dios, no se estableció en un solo lugar sino que viajaba. Cuando el Señor Jesús estuvo en la tierra, también viajaba, pues iba de Galilea a Judea, de Nazaret a Belén, de Jerusalén a Samaria. El realmente era un tabernáculo movible, la morada de Dios. Como templo de Dios, Jesús fue destruido y después resucitó, obteniendo así un agrandamiento. En Su resurrección El nos resucitó a todos nosotros consigo mismo. No piense que usted fue salvo en el siglo veinte. Usted resucitó en el primer siglo, cuando Cristo fue resucitado. Todos nosotros resucitamos con El y llegamos a ser el templo.

Las dimensiones del templo fueron mayores que las del tabernáculo. Cuando el Señor Jesús era el tabernáculo de Dios que se movía sobre la tierra, El estaba limitado, ya que sólo viajaba alrededor de un pequeño país, la Tierra Santa. En la eternidad El era el Dios infinito, pero un día llegó a ser un hombre finito. Posteriormente, después de que El resucitó en una manera agrandada, dicho tabernáculo llegó a ser un templo. Este templo hoy, que es la iglesia, abarca todo el globo. En los cuatro Evangelios, Dios se manifestó en el tabernáculo, pero desde Hechos hasta Apocalipsis, Dios se expresó en el templo. Así que, también es fácil recordar el contenido del Nuevo Testamento: vemos a un hombre único, quien era el tabernáculo de Dios, y a la iglesia, la morada de Dios en la tierra, la cual es el agrandamiento de este hombre singular.

EL CONTENIDO DE LA EXPRESION DE DIOS EN CUANTO A SU MODELO

Los nueve hombres sobresalientes del Antiguo Testamento llegaron a ser la morada de Dios para que El se expresara, pero esto aún no era la realidad sino únicamente un modelo. En el capítulo anterior indicamos que el Antiguo Testamento y el Nuevo Testamento revelan lo mismo. El Antiguo Testamento revela el modelo, mientras que el Nuevo revela la realidad de dicho modelo.

En Exodo 40:17-33 se describe los detalles de este modelo. En estos diecisiete versículos es repetida una cláusula siete veces: "Como Jehová había mandado a Moisés". Esto significa que el modelo se componía de siete secciones. Cada vez que se terminaba una sección, se repetía otra vez la misma expresión: "Como Jehová había mandado a Moisés". La primera etapa fue erigir el tabernáculo, en la cual se asentó el fundamento, no con bloques de concreto sino con cien basas de plata, cada una de las cuales estaba hecha de un talento de plata. Un talento pesa más de cien libras. Es posible que al menos se necesitaron cuatro personas para transportar las basas, lo cual significa que se necesitó aproximadamente unos cuatrocientos hombres para transportarlas. Ellos debieron ser personas maduras, ya que de otro modo, ¿cómo pudieron transportar esas basas de plata que formaban el cimiento?

Luego, sobre estas basas había cuarenta y ocho tablas, y al frente del tabernáculo, cuatro columnas. Cada una de las cuarenta y ocho tablas que sostenían el tabernáculo descansaba en dos basas, por lo cual se requerían noventa y seis basas para las cuarenta y ocho tablas, y además, había cuatro basas para las cuatro columnas. Las tablas formaban las paredes del tabernáculo. Había una cortina colgada por encima de las tablas, la cual era el cielo raso del tabernáculo, y sobre esa cubierta había tres capas más que conformaban el techo del tabernáculo.

En la segunda sección vemos que el arca fue colocada dentro del tabernáculo, y se pusieron dentro del arca la urna que contenía el maná, la vara de Aarón que reverdeció y las dos tablas de los Diez Mandamientos, las cuales fueron llamadas las tablas del testimonio. Luego, el arca fue cubierta con una tapa, a la cual se le llama el propiciatorio, y sobre dicha cubierta había dos querubines. El arca fue puesta dentro del tabernáculo, y los velos fueron colgados en su lugar. Esto conforma la segunda sección.

En la tercera sección, la mesa de los panes de la presencia fue puesta al lado norte del tabernáculo, y sobre ella se puso en orden los panes. En la siguiente sección, el candelero fue situado al lado sur del tabernáculo, enfrente de la mesa de los panes. Luego, el altar del incienso fue puesto en medio de un triángulo formado por la mesa de los panes de la presencia, el candelero y el arca. El incienso aromático era quemado sobre dicho altar para agradar a Dios. En la quinta sección, las cortinas fueron colgadas para cerrar la entrada. Con esto se completó el tabernáculo en su interior.

En la sexta sección vemos que el altar del holocausto fue colocado al frente del atrio. Finalmente, en la última sección, se puso un lavacro para que los sacerdotes se lavaran las manos y los pies. Todo esto fue hecho conforme a lo que Dios había mandado a Moisés. Una vez que el tabernáculo fue terminado por completo, Dios descendió en Su gloria, primero para cubrir con una nube todo el tabernáculo, y segundo, para entrar en él y llenarlo con Su gloria visible (Ex. 40:34). Dios se manifestó en el tabernáculo, haciéndolo la expresión de Dios entre Su pueblo sobre la tierra.

EL CONTENIDO DEL TABERNACULO

¿Cuál es el contenido del tabernáculo? Desde la perspectiva de Dios el tabernáculo fue erigido comenzando por el lado oeste, donde está el arca; pero desde nuestra perspectiva empieza por el lado este, donde está el altar. Cuando entramos en la esfera de la morada de Dios, primero tenemos contacto con el altar, el cual pone fin a nuestro pecado y a nuestros pecados. En él presentamos la ofrenda por el pecado, la cual juzga nuestra naturaleza pecaminosa, o sea el pecado que mora en nosotros. En este altar también ofrecemos la ofrenda por las transgresiones, para que seamos perdonados de nuestros pecados, transgresiones, faltas, ofensas y males. A menos que sea juzgado el pecado que mora en nosotros así como los pecados que hemos cometido, no podemos avanzar para llegar a la presencia de Dios. ¿Dónde está Dios? Dios está en el arca. Primero, usted andaba vagando en el mundo, pero un día escuchó el evangelio y tuvo el deseo de conocer a Dios. Una vez que usted entró en el ámbito de la morada de Dios, tuvo contacto con la cruz, la cual es tipificada por el altar. Usted escuchó el evangelio que proclama que Jesús el Hijo de Dios murió por nuestros pecados, que El es el Cordero de Dios que quita el pecado del mundo. Allí, en la cruz, en el altar, usted dijo: "Señor Jesús, gracias. Tú eres mi Salvador. Moriste por mí, un pecador, y por mis pecados". Después de haber hecho tal confesión, usted fue salvo, perdonado, redimido y justificado.

En el altar no sólo se presenta la ofrenda por el pecado y por las transgresiones, sino también el holocausto y la ofrenda de harina (Ex. 40:29). El holocausto era ofrecido únicamente a Dios; era la comida que satisfacía el hambre de Dios. Usted no es la única persona que quiere comer. El hambre que usted tiene debe recordarle que Dios también tiene hambre. Usted debe servirle comida a Dios, ofreciéndole a Cristo. ¿Qué significa ofrecer a Cristo como comida para Dios? Sabemos hasta cierto grado, en nuestra experiencia cristiana, que cuando nos arrepentimos ante la cruz y recibimos a Cristo como nuestro Salvador y Redentor, le tomamos a El como nuestra ofrenda por las transgresiones y por el pecado.

Al mismo tiempo, nos damos cuenta de que no podemos agradar a Dios ni satisfacerle por nosotros mismos. Por tanto, decimos: "Señor Jesús, Tú no sólo moriste por mí y por mis pecados, sino que también moriste para satisfacer a Dios. Tú has agradado a Dios por mí". Esto es ofrecer a Cristo como el holocausto. Pienso que un buen número de personas que han sido salvas han orado de esta manera.

Exodo 40 no menciona todas las ofrendas, pues únicamente describe el holocausto y la ofrenda de harina (v. 29). Después del holocausto sigue la ofrenda de harina, la cual era la comida de Dios y también de los sacerdotes que le servían. Una vez que fuimos salvos ya no somos más pecadores, sino sacerdotes que sirven a Dios. Fuera del atrio éramos pecadores, pero fuimos salvos cuando entramos al atrio y experimentamos a Cristo en la cruz, o sea en el altar, como nuestra ofrenda por las transgresiones y por el pecado.

Inmediatamente, los pecadores se convirtieron en sacerdotes; por tanto, necesitamos alimentarnos de la comida sacerdotal, no de la comida mundana. Debemos comer a Cristo, quien no sólo satisface a Dios, sino también a nosotros. Nosotros le comemos como la ofrenda de harina. Aunque usted quizás no haya recibido esta enseñanza en el pasado, hasta cierta medida sí lo ha experimentado.

Cuando fuimos salvos en la cruz al recibir a Cristo como nuestra ofrenda por las transgresiones y por el pecado, comprendimos que Él es el único que puede satisfacer a Dios y agradarlo; pero a la vez, nos dimos cuenta de que nosotros también estábamos satisfechos. Por eso nos sentimos felices, no sólo porque nuestros pecados han sido perdonados, sino porque además tenemos la ofrenda de harina en nuestro interior. Cristo es la ofrenda de harina, y como tal, nos alimenta y nos fortalece para servir a Dios. Después tenemos la ofrenda de paz, la cual propicia la comunión. La ofrenda de paz es una fiesta asignada para el oferente, para el sacerdote que la ofrece, para todos los que están presentes y para Dios. Esto es muy parecido a la comunión neotestamentaria que tenemos en la mesa del Señor. En cierto sentido, la mesa del Señor es una ofrenda de paz.

¿No es esto maravilloso? Sí; sin embargo, es una pena que la mayoría de los cristianos únicamente disfrutan a Cristo como su ofrenda por las transgresiones y como su ofrenda por el pecado. Muchos incluso no saben cuál es la diferencia entre estas dos ofrendas. Esta es la situación lamentable de los cristianos actualmente. Pocos entienden que en el momento cuando ellos creen en Cristo, Él es el holocausto que satisface a Dios y también es la ofrenda de harina para que ellos alimenten a Dios y se alimenten a sí mismos. Muy pocos se dan cuenta de lo mucho que necesitan, por un lado, la ofrenda de paz, y por otro, la comunión con los santos en torno a la mesa del Señor para disfrutarlo a Él con Dios, delante de Él y unos con otros. Muchos cristianos sólo conocen la llamada santa comunión como una clase de ceremonia o sacramento formal.

LA NECESIDAD DE AVANZAR

Muchos cristianos, después de su conversión en la cruz, aunque disfrutan a Cristo por algún tiempo, poco a poco regresan al mundo. Debido a que no prosiguen ni avanzan, es necesario que haya el recobro del Señor. Proseguir para entrar en el tabernáculo significa entrar en la expresión de Dios; esta experiencia se ha perdido casi por completo entre los cristianos. En tanto que usted permanezca fuera del tabernáculo, Dios no tiene Su expresión. La cruz no expresa a Dios, sino que sólo nos introduce en Su tabernáculo, el cual sí es Su expresión. Son pocos los cristianos que, una vez que han experimentado la cruz, prosiguen y avanzan para entrar en la expresión de Dios; por tanto, dicha expresión se ha perdido casi por completo y existe la necesidad de un recobro. La expresión de Dios debe ser recobrada en nosotros. Esto implica que debemos seguir adelante a partir de la cruz y entrar en el tabernáculo, la expresión misma de Dios.

Una vez estamos en el tabernáculo y proseguimos, llegaremos a la mesa de los panes de la presencia, donde se encuentra el pan celestial, el pan de vida. En esta mesa hay muchas hileras de panes, lo cual representa a Cristo como nuestra vida y nuestro suministro de vida.

CRISTO COMO NUESTRO SUMINISTRO DE VIDA

En el altar del atrio podemos disfrutar la ofrenda de harina, pero participar de los panes de la presencia provee mayor gozo. En el altar del atrio no había una mesa, pero sí dentro del tabernáculo. En Juan 6 se presenta que Cristo es el pan de vida (v. 35), el pan que desciende del cielo (v. 50), el pan de Dios (v. 33), el pan vivo (v. 51) y el pan verdadero (v. 32); esto significa que Jesús es el pan que se halla sobre la mesa de los panes de la presencia y que nosotros podemos comerlo. Debemos darnos cuenta de que estos panes no se encuentran en el atrio, sino dentro del tabernáculo, o sea, en la expresión de Dios. A menos que usted esté en la expresión de Dios, no podrá disfrutar a Cristo como el pan de la presencia que está sobre la mesa.

CRISTO COMO LUZ DE VIDA

Una vez que usted haya sido satisfecho al comer del pan que está sobre la mesa de los panes de la presencia, avanzará. Disfrutar de la vida divina siempre nos conduce a la luz y siempre resulta en luz. Cuando disfrutamos a Cristo, inmediatamente tenemos la luz interior. "En Él estaba la vida, y la vida era la luz de los hombres" (Jn. 1:4). Cuando disfrutamos a Cristo como nuestro suministro de vida, no sólo obtenemos satisfacción, sino también luz. Durante los últimos meses, muchos de nosotros hemos practicado tomar al Señor cada mañana en el altar como nuestra ofrenda por el pecado y por las transgresiones. Esa ofrenda por el pecado y por las transgresiones hace que disfrutemos a Cristo como nuestro suministro de vida diariamente. Cuando lo disfrutamos como nuestro suministro diario, espontáneamente estamos bajo cierta iluminación, y no haremos nada que esté en tinieblas. Por el contrario, viviremos diariamente bajo la luz que proviene de la vida interior. De esta manera, la vida que se halla en nosotros llega a ser nuestra luz interior.

CRISTO COMO EL ARCA

Bajo el resplandor de esta luz podemos seguir adelante y cruzar el velo hasta llegar al arca, la cual tipifica a Cristo mismo. Dentro del arca se hallan las dos tablas de piedra que contienen los Diez Mandamientos, la urna de oro que contiene el maná escondido y la vara de Aarón que reverdeció en resurrección. Esto significa que dentro del arca se encuentra la ley divina, el maná escondido y la vida que brota en resurrección. ¡En esta arca disfrutamos a Cristo al máximo!

Seguramente usted ha tenido esta experiencia. Cuando toma a Cristo cada mañana en la cruz como su ofrenda por el pecado y la ofenda por la transgresión, durante el día disfrutará de Cristo en torno a Su mesa. Este disfrute resulta en luz, a fin de que vivamos y andemos en la luz. Dicha iluminación nos conduce al arca, al Cristo profundo; allí disfrutamos a Cristo en la cámara interior, en el Lugar Santísimo. Habrá habido ocasiones en las cuales usted experimentó que su andar y su vivir bajo la luz fueron regidos intrínsecamente por una serie de reglamentos. Es decir, vivía bajo el mandamiento uno, el mandamiento dos, el mandamiento tres, etc. Los Diez Mandamientos estaban en usted como la ley de vida que le regía interiormente. Por una parte, le gusta esa experiencia maravillosa; pero por otra, no le agrada porque se siente muy restringido. Cuando disfrutamos a Cristo de esta manera, somos verdaderamente limitados. Ya no tenemos la libertad de enojarnos y enfadarnos con nuestra esposa, ni somos libres de peinarnos según nuestra preferencia, sino que dentro de nosotros surgen muchos mandamientos, los Diez Mandamientos intrínsecos. A pesar de que en la vida de iglesia no tenemos ni siquiera un reglamento, una vez que usted cruce el velo, entrará en la esfera de los Diez Mandamientos. No piense que esto es demasiado difícil de sobrellevar, porque muy cerca de los Diez Mandamientos que nos rigen como ley de vida, está la urna que contiene el maná escondido que nos abastece. Así que, ser restringidos por los Diez Mandamientos es un disfrute porque podemos disfrutar del maná escondido. Y cuando disfrutamos el maná escondido, algo brota, algo surge de la vara muerta: la vida de resurrección.

CRISTO EN EL ALTAR DEL INCIENSO

Esta experiencia más profunda nos conducirá al altar del incienso, para unirnos a Cristo y ser uno con Él en Su comisión de interceder por la economía de Dios. Allí experimentamos la intercesión del Cristo celestial, lo cual no consiste en orar por un buen trabajo, un buen automóvil o una casa más grande; más bien, es interceder juntamente con Cristo por el mover de Dios en la tierra.

Debemos experimentar todo el mobiliario del tabernáculo a fin de estar con Cristo en el altar del incienso, donde intercedemos con Él y donde Él es el incienso aromático que arde y se eleva a Dios. Esto no sólo satisface a Dios sino que le agrada. Satisfacemos a Dios en el altar de las ofrendas situado en el atrio, pero le agradamos en el altar de incienso. En el altar del atrio hay comida, pero en el altar de incienso está el olor aromático de incienso que asciende a Dios para complacerle.

EL DIOS TRIUNO SE MEZCLA CON SU PUEBLO ESCOGIDO

Este es el contenido de la expresión de Dios. Cuando la situación en la vida de iglesia llegue a ser así, la gloria de Dios cubrirá a la iglesia y la llenará para hacer de ella una expresión gloriosa del Dios Triuno. En esta expresión el propio Dios Triuno se hace uno con Su pueblo escogido. Dicha expresión es una mezcla de lo divino y lo humano. El Dios Triuno se forja en Su pueblo escogido para hacerse uno con ellos y hacerlos uno con El. Por eso vemos que en las tablas del tabernáculo, la madera está unida al oro. La madera está cubierta de oro, lo cual significa que la madera se halla en el oro. Esto muestra que el Dios Triuno se mezcla con Su pueblo redimido.

Dicha expresión es una morada mutua, donde Dios habita con Su pueblo, y Su pueblo que le sirve habita en El. Esto es semejante a lo que el Señor dijo en Juan 15:4: "Permaneced en Mí, y Yo en vosotros". Esta es una mezcla, y dicha mezcla de lo divino y lo humano es la expresión de Dios en la tierra. Tal expresión se ha perdido en el cristianismo actual. Por tanto, hoy el Señor desea recobrar la verdadera mezcla de lo divino y lo humano a fin de que Dios pueda obtener Su expresión en la tierra.

NUESTRA EXPERIENCIA SUBJETIVA DE CRISTO

Si hemos de participar en la expresión de Dios o incluso ser la expresión de Dios, debemos experimentar a Cristo de forma cabal y adecuada. Nuestra experiencia de Cristo en el altar es mayormente objetiva, aunque también incluye algunos aspectos subjetivos ya que allí podemos comer parte de la ofrenda de harina y de la ofrenda de paz. Pero cuando entramos en el tabernáculo y llegamos a la mesa, experimentamos a Cristo de modo subjetivo. En el altar, la experiencia es parcialmente subjetiva y parcialmente objetiva; pero cuando entramos en el tabernáculo y llegamos a la mesa, disfrutamos a Cristo absolutamente de modo subjetivo, ya que le tomamos como nuestro alimento y suministro de vida.

Después de la mesa llegamos al candelero, donde el resplandor no proviene de afuera sino de adentro; éste es el Cristo que brilla desde nuestro interior. De allí proseguimos al arca. Se podrá observar que nos estamos adentrando más y más en el tabernáculo. No sólo hemos entrado en el tabernáculo, sino que también hemos cruzado el velo. También hemos entrado en el arca, donde tenemos la experiencia más subjetiva; allí experimentamos a Cristo de una manera mucho más profunda. No sólo tenemos luz, sino también la ley de vida que nos rige interiormente. El suministro que obtenemos en nuestra vida interior proviene del maná escondido que se encuentra en la urna de oro. El maná no sólo está en el tabernáculo, sino detrás del velo, dentro del arca de oro y aun dentro de la urna de oro; así que, hay cuatro capas que lo cubren. A fin de disfrutar el maná escondido, tenemos que llegar exactamente a ese lugar. El disfrute que tenemos de Cristo como el maná escondido fue prometido por el Señor a los vencedores (Ap. 21:17). Debemos ser aquellos creyentes que aman y buscan al Señor para que podamos ser los vencedores que disfrutan intrínsecamente de Sus riquezas, con el fin de que brote en nosotros la vida para ejercer Su autoridad.

En dicho punto, somos uno con El en el altar de la intercesión para interceder por el mover de Dios en la tierra. Intercederemos por el mover del tabernáculo mientras éste viaja a través del desierto hasta entrar en la buena tierra, al lugar donde Dios desea que esté el tabernáculo. Nuestra experiencia de Cristo es la verdadera manera por la cual entramos en la expresión de Dios. Esto es lo que Dios desea recobrar hoy, y esto es lo que los cristianos han perdido a través de los siglos. Dios no tiene la intención de recobrar algunas doctrinas o prácticas. En Su recobro, lo único que le interesa a Dios es recuperar plenamente la expresión de Sí mismo en Su pueblo.

Capitulo cuatro

EL CONTENIDO DE LA EXPRESION DE DIOS EN CUANTO A SU REALIDAD

(1)

Lectura bíblica: He. 1:3a; Jn. 1:18; 14:8-11, 16-20, 23; 15:4a, 5a, 7a; 16:13-15; 17:21; Mt. 28:18-19; Gá. 3:27-28; 2:20a; 4:19; Ro. 8:9-10; Ef. 4:6

Oración: Señor, cuánto te agradecemos por Tu Persona. Te adoramos por lo que Tú eres. Señor, gracias por Tu palabra, la palabra viviente que nos has hablado en las Santas Escrituras. Señor, te damos gracias por la reunión de esta noche. Confiamos en Tu sangre que nos limpia. Te agradecemos por Tu preciosa sangre que siempre nos limpia. Cubiertos bajo esta sangre reclamamos Tu plena unción, y creemos que ahora mismo nos estás ungiendo. Gracias por Tu rica unción. Señor, danos un espíritu abierto; concédenos un cielo claro; disipa toda nube; quita todos los velos; elimina todos los conceptos tradicionales. Señor, oramos que ates al enemigo y expulses de este salón las tinieblas. Llena este salón con Tu gloria, con Tu presencia, con Tu amor y gracia. Señor, te damos gracias. Tenemos la certeza de que estás con nosotros y que somos un espíritu contigo. Señor, habla en nuestro hablar. Sé uno con nosotros en nuestro hablar. Unge a cada persona aquí presente. ¡Oh, visítanos e impresiona a cada uno de nosotros! Cuánto te agradecemos por esta reunión en torno a Tu palabra. En Tu precioso nombre, amén.

En este mensaje veremos el contenido de la expresión de Dios en cuanto a Su realidad. En mensajes recientes sobre el Evangelio de Juan indicamos que los escritos de Juan presentan el cumplimiento del tabernáculo y de todas las ofrendas, y señalamos el aspecto crucial de que todo el universo fue creado para expresar a Dios. El Dios invisible desea expresarse a Sí mismo, y para esto necesita vasos. Primeramente, El creó el universo, creó los cielos para la tierra y la tierra para el hombre. Después de crear los cielos, la tierra y todo lo que hay en ella, Dios creó al hombre. Dios hizo al hombre a Su imagen con el fin de que un día entraría en él. Romanos 9:23 indica que nosotros somos vasos de barro preparados para gloria. Ciertamente, dichos vasos de barro fueron hechos para contener a Dios. Dios nos hizo a Su imagen, tal como un guante es hecho a la imagen de la mano con el propósito de que el guante contenga la mano.

Cuando Dios creó al hombre, creó un espíritu en él. Tenemos un cuerpo, el cual es visible, y un espíritu, el cual no vemos. En medio de estos dos se halla nuestro ser, nuestra alma. Por medio de nuestro órgano externo, nuestro cuerpo, tenemos contacto con el mundo físico, y por medio de nuestro órgano interior, o sea nuestro espíritu, tenemos contacto con Dios y con las cosas espirituales. No podemos tener contacto con Dios usando nuestro cuerpo, pues estaríamos usando el órgano equivocado. Dios nos hizo a Su imagen y creó un espíritu en nosotros para que le recibiéramos, con el fin de que El entre en nosotros y sea nuestra vida y nuestro contenido. De este modo llegamos a ser Su expresión.

LA EXPRESION DE DIOS EN GENESIS

La expresión de Dios comenzó con ciertos individuos del Antiguo Testamento. Dicha expresión se inició con Adán, pero éste cayó en el pecado; luego, Abel expresó a Dios, y hasta cierto grado, tuvo éxito. Después, vemos a Enós, quien invocó el nombre del Dios eterno que era, que es y que será, el gran Yo Soy. Más tarde vino Enoc, quien caminó con Dios. Seguido a éste tenemos a Noé, que no sólo caminó con Dios sino que también laboró con El y compartió Su mismo interés. Posteriormente, Abraham, Isaac y Jacob formaron una persona completa, siendo José una extensión de Jacob. En estas cuatro personas, que conformaron una persona completa, Dios se manifestó notablemente; sin embargo, todos ellos expresaron a Dios de forma individual, y Dios desea obtener una expresión corporativa.

LA EXPRESION DE DIOS MEDIANTE UN PUEBLO

En Exodo, Dios intervino para salvar a Su pueblo escogido, el cual era una entidad colectiva. El no salvó a una o dos personas, sino a varios millones de personas. Dios liberó a este pueblo de la tiranía de Faraón en Egipto y lo trajo primero al monte Sinaí. Estando allí, recibieron la revelación en cuanto a la edificación del tabernáculo, con miras a que el propio Dios de los cielos descendiera para habitar y obtener Su expresión en una morada física. La historia de dicha morada de Dios se presenta desde el libro de Exodo hasta Malaquías. A primera vista podríamos decir que ésta es la historia del pueblo de Israel; pero, en realidad, es la historia de la morada de Dios. El Antiguo Testamento es muy simple y claro: consta de nueve personajes notables que se destacaron en el linaje humano y de un pueblo que fue edificado para ser la morada de Dios en la tierra, con miras a Su expresión. El Dios eterno creó el universo con el propósito de que el hombre, como figura central, lo expresara. No obstante, lo que el Antiguo Testamento revela es sólo un modelo, y no la verdadera estructura.

La realidad de ese modelo se manifestó en el Nuevo Testamento, aunque siguió el mismo principio que el Antiguo Testamento. Primero, vino un individuo que era único. Este era Dios mismo quien se hizo hombre, Jesucristo. Por una parte, El es Dios, nuestro Creador; pero por otra, El es un hombre, pues participó de la naturaleza humana con sangre y carne. El se encarnó para ser un hombre real. Así que, Jesús es Dios y hombre.

Esta Persona maravillosa vivió en la tierra por treinta y tres años y medio. ¿Qué hizo El durante ese tiempo? Podría decirse que realizó muchos milagros y dio una gran cantidad de enseñanzas. Es correcto decir esto, pero es un entendimiento muy superficial. Si ahondamos en este asunto, veremos que El expresó a Dios; es decir, Su vida entera y todo Su vivir en la tierra expresó a Dios. Nadie jamás ha visto a Dios, pero El ciertamente lo dio a conocer (Jn. 1:18). El es el resplandor de la gloria divina y la impronta de la substancia divina (He. 1:3). ¡Qué maravilloso!

En cierta ocasión, tres de los discípulos de Jesús subieron al monte con El, y allí vieron Su gloria (Lc. 9:28-32). Más tarde uno de ellos, Juan, escribió en su evangelio: "Y contemplamos Su gloria" (Jn. 1:14). Jesús era la expresión del Dios invisible en toda circunstancia, ya sea haciendo algún milagro o enseñando.

Por tanto, la Biblia proclama que Cristo es la imagen del Dios invisible (Col. 1:15). Cuando lo vemos a El, vemos a Dios. El no es otro que Dios mismo, o sea la expresión misma de Dios. Juan declaró que cuando Jesús vino en la carne y moró entre los hombres, El era un tabernáculo (1:14). Por supuesto, Juan estaba escribiendo al pueblo judío, y ellos sabían perfectamente lo que significaba un tabernáculo. Ellos sabían que el tabernáculo era la morada de Dios en la tierra, y que el Dios de los cielos descendió para habitar en ella a fin de obtener Su expresión.

Sin embargo, los judíos, cegados por su religión tradicional, aborrecieron a Jesús e hicieron todo lo posible para matarlo. Mientras trataban de matarle, esta Persona maravillosa les dijo que destruyeran el templo y que en tres días El lo levantaría (Jn. 2:19). El Nuevo Testamento relata que Jesucristo fue destruido en la cruz, pero que cuando resucitó, no estaba solo sino que resucitó con todos Sus creyentes; todos Sus creyentes fueron resucitados juntamente con El. ¿Se da cuenta usted de que fuimos resucitados aún antes de que naciéramos? Estas son unas matemáticas divinas y misteriosas. Según Efesios 2:5-6 fuimos resucitados antes de que naciéramos. El hecho espiritual y divino radica en que, cuando Jesucristo resucitó de entre los muertos, El nos incluyó a todos nosotros. En la resurrección de Cristo, un templo mayor fue levantado. Este templo mayor es el Cristo agrandado, el aumento de Cristo. El Cristo agrandado es simplemente Cristo mismo como Cabeza, junto con la iglesia como Su Cuerpo. Efesios 1 declara que después de Su resurrección El ascendió a los cielos, donde fue hecho Cabeza sobre todas las cosas a la iglesia, la cual es Su Cuerpo. El Cuerpo es la plenitud de este Cristo ilimitado, todo-inclusivo, extenso, quien todo lo llena en todo. ¡La iglesia es el Cuerpo de esta Persona maravillosa! ¡Que iglesia tan inmensa es ésta! Este es el Cristo agrandado y aumentado.

En el Nuevo Testamento sólo se presenta a una persona notable: Cristo como la Cabeza y la iglesia como el Cuerpo. Mediante Su muerte y Su resurrección, Cristo nos introdujo en Sí mismo. Los judíos mataron a una persona, pero no se imaginaron que por medio de esa muerte Jesús sería agrandado. La expresión de Dios, que se había manifestado solamente en una Persona, fue agrandada y llegó a ser la expresión corporativa de Dios, una expresión colectiva y universal. En el mundo entero hay muchos cristianos, muchos miembros de Cristo. El conjunto de todos estos miembros es el Cuerpo de Cristo, la iglesia. Esta es la expresión corporativa de Dios. Por la misericordia de Dios y Su gracia, nosotros formamos parte de Su expresión.

LO QUE SE OPONE A LA EXPRESION DE DIOS

En la actualidad hay cuatro cosas que se oponen a la expresión de Dios: la cultura, la religión, la ética y la tradición. Dios creó al hombre para que éste le disfrutara. En un principio Dios era la porción del hombre, pero cuando el hombre cayó en el pecado, se alejó de Dios y lo perdió; por tanto, el hombre se dedicó a su propia invención, la cultura. Según la perspectiva humana, la cultura no es mala; no obstante, reemplaza a Dios. Dios debería ser el todo para el hombre: su placer, su satisfacción y su protección. Pero el hombre perdió a Dios y se alejó de El para dedicarse a la cultura.

Luego, en la cultura, el hombre descubrió que necesitaba a Dios; por consiguiente, inventó la religión. En toda cultura el hombre ciertamente se ha inventado maneras de adorar a Dios. Todo aquel que pertenece al linaje humano, adora algo. El hombre fue creado para adorar a Dios. El ser humano tiene una urgencia innata por adorar algo, ya sea bueno o malo. La cultura descubrió este hecho, por tanto, inventó la religión.

Además, al hombre le agrada ser correcto y bueno, porque Dios creó algo bueno en la naturaleza humana. Por supuesto, conforme a nuestra naturaleza caída, tenemos la tendencia de hacer el mal, pero según la naturaleza creada por Dios, tenemos la tendencia de hacer el bien. Así que, a través de las generaciones, se ha promovido la ética y la moralidad. En China, Confucio fue el promotor más destacado de la ética.

Como resultado, muchas tradiciones surgieron de la cultura, de la religión y de la ética. Muchas de estas tradiciones no son malas. Sin embargo, estas cuatro cosas —la cultura, la religión, la ética y las tradiciones— son velos o capas que nos impiden ver a Cristo como la expresión de Dios. Es difícil convencer a los chinos de que crean en Cristo, debido a que las enseñanzas éticas de Confucio son un grueso velo que les impide ver. Del mismo modo, la religión judía se ha convertido en un espeso velo que les impide a los judíos creer en el Señor Jesús. Ellos consideran que poseen la religión verdadera, la religión creada por Moisés conforme a las Sagradas Escrituras. Cuando el Señor Jesús estuvo sobre la tierra, El se enfrentó con la oposición de los judíos durante los tres años y medio de Su ministerio, debido principalmente al judaísmo. Al leer Juan 9 podemos darnos cuenta de que los fariseos se consideraban los discípulos de Moisés. Aunque ellos heredaron su religión, la cual era tan verdadera, tan correcta y tan santa, el Señor Jesús declaró que estaban ciegos (vs. 39-41). Ciertamente el judaísmo llegó a ser un grueso velo que les impidió ver.

Hoy en día, cuando hablamos con personas que están en la Iglesia Católica, podemos darnos cuenta de que el catolicismo es un grueso velo que cubre sus ojos. Un hermano, que era monaguillo en la Iglesia Católica, fue salvo cuando estaba en la escuela secundaria. Se puso tan contento que fue a decirles a sus padres y a sus abuelos que ahora tenía al Señor Jesús. Ellos le mostraron los cuadros de Jesús que estaban colgados en la pared y le dijeron que por generaciones ellos habían tenido a Jesús. Jesús estaba en la cocina, en las habitaciones y por todas partes, ¡pero no en ellos! Ciertamente, al Señor Jesús no le gusta estar colgado en la pared ni que le hagan una escultura o un retrato, sino que desea estar en usted, en su espíritu. El Señor Jesús no es un ídolo ni una imagen. El Señor Jesús hoy se encuentra en el trono en los cielos como Señor de todo y Cabeza sobre todas las cosas; pero al mismo tiempo, El es un Espíritu viviente que puede entrar en nuestro espíritu.

OTRO CONSOLADOR

Mientras el Señor Jesús vivió en la tierra, El mantuvo unos lazos estrechos con los doce discípulos; no sólo vivieron y comieron juntos, sino que también caminaron y laboraron juntos durante tres años y medio. La noche en que El fue traicionado, los discípulos se sorprendieron cuando les dijo que los iba a dejar. El les dijo que si no se iba, no podría estar en ellos. El se había encarnado y ahora estaba con ellos; no obstante, Su meta y Su objetivo era entrar en ellos. Su objetivo no era solamente estar con ellos, sino estar en ellos. El les dijo que moriría en la cruz, pero que pediría al Padre que les diera otro Consolador, el Espíritu de realidad (Jn. 14:16-17). Ellos tenían temporalmente la presencia física de Jesús entre ellos y fuera de ellos, pero no le tuvieron a El como la realidad en ellos hasta que fue crucificado y resucitado. El les dijo que al irse, vendría otro Consolador, el Espíritu de realidad, quien no sólo estaría con ellos sino también en ellos. El Señor Jesús, el primer Consolador, sólo podía estar entre ellos; pero lo que ellos necesitaban era un segundo Consolador, el cual era El mismo como Espíritu de realidad quien vendría y entraría en ellos. El les dijo que Su partida era en realidad Su venida, y al venir podría estar en ellos. El dijo: "No os dejaré huérfanos; vengo a vosotros" (Jn. 14:18), y prosiguió diciendo: "En aquel día vosotros conoceréis que Yo estoy en Mi Padre, y vosotros en Mí, y Yo en vosotros" (v. 20). Los versículos 16 y 17 dicen que el Consolador, el Espíritu de realidad, estaría en nosotros, y el versículo 20 dice que el Señor Jesús mismo estaría en nosotros. ¿Son éstos dos o uno? Nadie puede explicarlo. En la Biblia tenemos estas matemáticas divinas.

Todos sabemos que Dios el Espíritu es uno y únicamente uno, pero en el libro de Apocalipsis, Dios el Espíritu es los siete Espíritus (Ap. 4:5). ¿Es Dios el Espíritu siete o uno? El es uno-siete y siete-uno. Estas son unas matemáticas divinas; no trate de entenderlo. Esta es la razón por la cual Martín Lutero proclamó que si uno conoce plenamente las cosas de Dios, esa persona debe ser Dios. Debemos confesar que no conocemos estas cosas cabalmente, pues ciertamente son muy misteriosas.

Juan 14:16-20 dice que el segundo Consolador, el Espíritu de realidad, vendría para estar con los discípulos y en ellos. Y el Señor mismo les dijo que la venida del Espíritu de realidad sería Su propia venida. Por tanto, esto significa que el Señor mismo vendría y estaría en ellos comenzando desde el día de la resurrección. En aquel día, los discípulos conocerían que el Hijo estaba en el Padre, y que ellos estaban en el Hijo, y que el Hijo estaba en ellos. Entonces, ¿quién está en quién? El Hijo estaba en el Padre. Ellos no debían pensar que Él estaba allí sin el Padre. Mientras Él estaba con ellos, también estaba en el Padre; sin embargo, ellos aún no estaban en Él. En el día de la resurrección los discípulos conocerían que el Hijo estaba en el Padre, que ellos estaban en el Hijo, y que el Hijo estaba en ellos (v. 20). Es decir, a la vez que ellos están en Él, también están en el Padre, y Él en ellos. Y a la vez que Él está en ellos, el Padre también está en ellos. Los tres de la Deidad no sólo coexisten, sino también moran el Uno en el Otro. Puedo testificar que diaria y continuamente experimento esta realidad: yo vivo en mi Señor, y Él está en el Padre, y a la vez Él también vive en mí. Mientras Él vive en mí, el Padre también vive en mí. ¡Aleluya! Todos participamos en este misterio. Esta experiencia nos conduce a que expresemos a Dios.

Debemos desechar nuestra cultura, religión, conceptos éticos y tradiciones. Debemos quitarnos todas estas capas de velos. Algunos cristianos, cegados por sus velos religiosos, condenan el hecho de que el hombre y Dios moran el uno en el otro. A pesar de que su ceguera los mantiene en tinieblas, ellos siguen hablando de religión, de teología y de la Biblia.

¿Qué podemos decir acerca de la cultura? Gálatas 3:27 y 28 dicen: "Porque todos los que habéis sido bautizados en Cristo, de Cristo estáis revestidos. No hay judío ni griego, esclavo ni libre, varón ni mujer, porque todos vosotros sois uno en Cristo Jesús". Los que hemos sido bautizados en Cristo, de Cristo estamos revestidos, y todos somos uno. En dicha unidad no hay judío ni griego, no hay esclavo ni libre, lo cual quiere decir que ya no hay más cultura.

¿Y qué podemos decir respecto a la ética? En Filipenses 3 vemos que Pablo perseguía únicamente a Cristo, lo cual nada tenía que ver con su propia justicia que era conforme a la ley (Fil. 3:9), o sea la ética. Cuando guardamos los mandamientos de la ley procurando ser buenos, eso es practicar la ética. Pablo había buscado esto en el pasado, pero después de ser salvo, él persiguió exclusivamente a la Persona viviente de Cristo. El no estaba persiguiendo la justicia conforme a la ley, que es la ética, sino que iba en pos de la justicia viviente, la justicia de Dios por fe, la cual es la persona misma de Cristo.

En Gálatas 1:14 Pablo también dijo que él era excesivamente celoso de las tradiciones de sus padres, o sea, era celoso por la tradición judía que había heredado. Pero un día, mientras Pablo iba a Damasco, el Señor se interpuso en su camino y lo derribó. Desde ese día Pablo empezó a conocer, ya no las tradiciones, sino a una Persona viviente. No persiguió más la cultura, sino al Cristo vivo. Ya no se interesó por la religión, sino por el viviente Hijo de Dios. No mantuvo su celo por la ética, sino por Cristo como su justicia. Cristo llegó a ser la justicia, la justificación, la santificación y el todo de Pablo. Pablo desechó la ética, pero se llenó de Cristo; ya no preservaba las tradiciones de sus padres, sino que experimentaba diariamente al Cristo viviente, presente y actual.

Amados santos, ésta es la expresión de Dios, la cual hasta cierto grado se ha perdido, descuidado e ignorado en el cristianismo actual; de hecho, la cristiandad incluso se ha opuesto a dicha expresión. Yo sé que vine de China, pero mi enseñanza no es china ni tampoco proviene de hombres, sino que simplemente cito lo que está en las Santas Escrituras. Si usted honra la Palabra del Señor, sin duda apreciará esta enseñanza. A mí no me interesan los placeres americanos, los deportes, el entretenimiento ni los fines de semana característicos de este país. Sólo me interesa el Dios Triuno, el Cristo viviente y la Palabra Santa. No me interesa la teología ni ningún credo; únicamente me interesa el Dios viviente, Su Hijo viviente y Su Palabra viviente.

UNA MORADA MUTUA

En Juan 14:23 el Señor Jesús prosiguió diciendo: "El que Me ama, Mi palabra guardará; y Mi Padre le amará, y vendremos a él, y haremos morada con él". Este versículo dice que el Padre y el Hijo de la Trinidad Divina morarán en aquel que ama al Señor Jesús. ¿Qué harán el Padre y el Hijo? ¿Le llenarán de poder y energía? ¡No! Más bien, harán morada en él. La palabra "morada" en esta frase es el sustantivo del verbo "habitar". Esta es una morada mutua. En otras palabras, el creyente que ama al Señor llega a ser la morada del Hijo y del Padre, y a la vez, el Hijo y el Padre son la morada de dicho creyente.

En el capítulo 15 se menciona la morada mutua: "Permaneced en Mí, y Yo en vosotros" (15:4). Allí vemos un vivir mutuo en una morada mutua. ¡Cuán maravilloso es esto! ¿Se ha dado usted cuenta de que en la economía de Dios El desea que nosotros permanezcamos en El, tomándole como nuestra morada, a fin de que El more en nosotros, siendo nosotros Su morada? Esto no es simplemente vivir conforme a ciertos preceptos bíblicos, tales como: "maridos, amad a vuestras esposas", "las casadas estén sujetas a sus propios maridos", o "amémonos unos a otros". Para llevar todo esto a la práctica, es necesario que moremos en Cristo y que El more en nosotros. Permita que Cristo, quien mora en usted, ame a su esposa. Permita que El, quien está en usted, se someta a su esposo. Dejen que El haga todo en ustedes, por medio de ustedes, con ustedes y para ustedes; ésta es la vida cristiana. Si amo a mi esposa por mi propia cuenta, sólo me expresaría a mí mismo. Y si una esposa se somete a su esposo valiéndose de sus propios esfuerzos, sólo se expresaría a sí misma. Y si usted ama a su prójimo por sí mismo, eso es simplemente usted. Todo esto sería sólo una conducta ética, y no la expresión de Dios. Sin embargo, si usted dijera: "Yo he sido crucificado y sepultado. Y ya no vivo yo, sino que Cristo vive en mí. Ya no soy yo, sino Cristo quien ama a mi esposa. Ya no soy yo, sino Cristo quien se somete a mi esposo. Ya no soy yo, sino Cristo quien ama al prójimo por medio de mí, en mí, conmigo y para mí". Esto no es meramente la verdadera conducta ética, sino la expresión de Dios; ésta es la realidad que expresa a Dios. Dicha realidad ha sido perdida en el cristianismo actual, pero el Señor desea recobrarla. El recobro del Señor no consiste en recobrar simples doctrinas y prácticas, sino en recobrar la experiencia de que el Dios Triuno se forje en nuestro ser para que lo expresemos en nuestro diario andar y en la vida de iglesia.

Cuando se reúnen estas personas, quienes viven a Cristo en su vida cotidiana, se produce un agregado. Este agregado o conjunto es la vida de iglesia, y dicha vida colectiva de iglesia es la realidad de la expresión de Dios.

EN EL HIJO Y EN EL PADRE

Leamos Juan 17:1: "Estas cosas habló Jesús, y levantando los ojos al cielo, dijo: Padre, la hora ha llegado; glorifica a Tu Hijo, para que Tu Hijo te glorifique a Ti". Y en el versículo 21, El oró: "Para que todos sean uno; cómo Tú, Padre, estás en Mí, y Yo en Ti, que también ellos estén en Nosotros; para que el mundo crea que Tú me enviaste". En esta oración el Señor no pidió por salud o prosperidad, sino que oró que todos Sus discípulos fueran uno, así como El y el Padre son uno. Esta oración aún no ha sido contestada plenamente.

Hay muchos cristianos que verdaderamente han sido regenerados en su espíritu y han sido lavados con la sangre de Cristo, pero no saben que el Señor oró para que ellos estuvieran en el Hijo y en el Padre. ¡Esto es un hecho profundo y misterioso! Así como el Padre está en el Hijo, y el Hijo está en el Padre, así todos los que creen en el Hijo pueden estar en el Hijo y en el Padre. Esto es profundo; sin embargo, debe ser un hecho real en nuestra experiencia, y este hecho es simplemente la expresión de Dios. Cuando llevamos una vida en el Hijo y en el Padre, permitiéndoles que vivan en nosotros, dicha vida expresa a Dios. El Señor oró por esto, y es lo que El está recobrando hoy.

UNA UNION ESPIRITUAL CON EL

En Juan 20:22 el Señor sopló en los discípulos y les dijo que recibieran el Espíritu Santo. Cuarenta días después, les dijo que le había sido dada a El toda potestad en el cielo y en la tierra, y que ellos debían ir en Su nombre a discipular a las naciones. Luego, debían bautizarlos "en el nombre del Padre y del Hijo y del Espíritu Santo" (Mt. 28:18-19). En su libro *Word Studies in the New Testament* [Estudio de palabras halladas en el Nuevo Testamento], M.R. Vincent dice claramente que la preposición "en", usada en la expresión "bautizándolos en el nombre", implica una unión espiritual y mística. Estábamos fuera del Dios Triuno, pero por medio del bautismo fuimos introducidos en el Dios Triuno, en una unión espiritual y mística con El.

BAUTIZADOS EN UNA PERSONA

El nombre que se menciona en Mateo 28:19 no es un nombre vano. El señor Vincent explica que ese nombre equivale a la Persona misma. Si la Persona no existiera, el nombre no tendría ningún valor. Bautizar a un creyente en el nombre del Dios Triuno, significa introducirlo en Su Persona. Gálatas 3:27 confirma este hecho, pues dice: "Porque todos los que habéis sido bautizados en Cristo, de Cristo estáis revestidos". Esto demuestra que ser bautizados en el nombre del Dios Triuno implica ser introducidos en la Persona misma del Dios Triuno. Hemos sido bautizados en Cristo, así que ahora estamos revestidos de Cristo. Esto quiere decir que nosotros y Cristo hemos llegado a ser uno. En esta unidad solamente hay Cristo; no hay más judíos ni griegos, esclavos ni libres. No hay diferentes culturas ni razas, pues todos son uno en Cristo Jesús.

CRISTO SE FORMA EN NOSOTROS

Gálatas 2:20 dice: "Con Cristo estoy juntamente crucificado, y ya no vivo yo, mas vive Cristo en mí". Además, Pablo sufría dolores de parto hasta que Cristo fuera formado en los creyentes (Gá. 4:19). No sólo es necesario que Cristo viva en nosotros, sino que también se forme en nuestro ser. Que Cristo sea formado en nosotros equivale a que El sature cada parte de nuestro ser: nuestra mente, parte emotiva, voluntad, e incluso nuestro modo de pensar. Aunque Cristo esté en nosotros, aún no se ha formado en nosotros. Es menester que Cristo se forme en nosotros a fin de que podamos expresar a Dios.

EL DIOS TRIUNO EN NOSOTROS

Romanos 8 dice que en nosotros está el Espíritu de Dios, el Espíritu de Cristo y el Espíritu de Aquel que levantó a Jesús de los muertos. Colosenses 1:27 afirma que Cristo el Hijo está en nosotros, y Efesios 4:6 dice que el Padre también está en nosotros. Así que, el Hijo está en nosotros, el Espíritu está en nosotros y también el Padre está en nosotros. El Padre no sólo está en nosotros, sino también sobre nosotros y por nosotros. ¡Cuán maravilloso es esto! El Dios Triuno —el Padre, el Hijo y el Espíritu— está en nosotros con la finalidad de que seamos Su expresión. Cuando amamos, debe ser el Dios Triuno quien ama en nosotros, con nosotros y por medio de nosotros. Cuando hablamos, debe ser el Dios Triuno quien habla en nosotros, por medio de nosotros y con nosotros. La vida de iglesia es simplemente el Dios Triuno que hace todo en nosotros, por medio de nosotros y con nosotros. Tal vida de iglesia es la expresión de Dios, lo cual es lo principal que el Señor desea recobrar. El no tiene la intención de recobrar lo trivial. El Señor está laborando para recobrar la experiencia de que el Dios Triuno se forje en nuestro ser y que viva en nosotros, con nosotros y por medio de nosotros, con miras a obtener Su expresión. Esta expresión es la vida de iglesia.

Capítulo cinco

EL CONTENIDO DE LA EXPRESION DE DIOS EN CUANTO A SU REALIDAD

(2)

Lectura bíblica: Jn. 7:38-39; 20:21-22; 1 Co. 15:45; 2 Co. 3:17-18; Ro. 8:2, 9-11, 16; 1 Co. 1:30; 3:16-17; 6:17; 2 Co. 13:14; Ef. 1:19-23; 3:14-19; 4:4-6, 22-24; Tit. 3:5-6; Fil. 1:19-21a; 3:7-11; 4:13; Col. 2:9; 3:4, 9b-11; 1 Ti. 3:15-16

El propósito eterno de Dios consiste en que El se exprese plenamente en el hombre y por medio de él. Dios creó a Adán con este propósito, pero Adán cayó en pecado; luego, Abel fue llevado de regreso a Dios al ofrecerle los debidos sacrificios. Después de estas dos figuras sobresalientes siguieron Enós, Enoc, Noé, Abraham, Isaac, Jacob y José, quienes expresaron a Dios. No obstante, Dios no sólo quería expresarse por medio de individuos, sino que anhelaba tener una expresión corporativa. Por tanto, después de la muerte de José, vemos en Exodo que Dios obtuvo un pueblo que lo expresó colectivamente. Dicho pueblo finalmente fue edificado para ser la morada de Dios sobre la tierra; la señal de esto primero fue el tabernáculo, y después, el templo. Si agrupamos estos nueve personajes notables junto con el tabernáculo y el templo, tenemos una perspectiva completa de todo el Antiguo Testamento.

EL AGRANDAMIENTO Y AUMENTO DE CRISTO

El Nuevo Testamento comienza con un individuo, una Persona maravillosa, admirable y todo-inclusiva quien es tanto Dios como hombre: Jesucristo. El vino para morar entre los hombres como tabernáculo a fin de dar a conocer al Dios invisible, al Dios que nadie jamás había visto (Jn. 1:14, 18). El Dios invisible fue expresado plenamente en este hombre, Jesucristo, el tabernáculo de Dios entre los hombres. Sin embargo, Dios no estaba satisfecho con que un solo hombre fuera el tabernáculo, sino que quería obtener un pueblo colectivo como Su tabernáculo. Por tanto, el Señor Jesús dijo a Sus discípulos que El moriría y resucitaría a fin de agrandarse y aumentarse (Jn. 12:24). El se agrandó y aumentó tomando otra forma. Cuando El estaba en la tierra como tabernáculo individual entre los hombres, El era un hombre de carne. Pero en la carne El no tenía manera de entrar en Sus creyentes a fin de que ellos fueran Su aumento. Para entrar en ellos, El tenía que cambiar de forma, es decir, cambiar de la carne al Espíritu.

En Juan 1 vemos que Aquel que era el Verbo de Dios, quien era Dios mismo, se hizo carne. ¡Esto es muy misterioso! El se hizo carne, la cual era visible y palpable; sin embargo, después de Su muerte y Su resurrección, El volvió a Sus discípulos en otra forma. Podríamos decir que El regresó en la forma de Espíritu, pero con un cuerpo espiritual. El Señor mostró a Sus discípulos Sus manos y Su costado (Jn. 20:20), indicándoles que después de Su resurrección El seguía teniendo un cuerpo, no físico sino espiritual.

En 1 Corintios 15:35-38, el apóstol Pablo ejemplificó dicho cambio en forma, dicha transformación, mediante una semilla. La semilla tiene una forma definida, puede ser redonda como una pequeña esfera y de color amarillo o café. Si usted siembra una semilla en la tierra, ésta morirá, pero luego brotará y crecerá. Su levantamiento significa que ha resucitado de la muerte. Cuando esta semilla crece, su forma cambia de una pequeña esfera amarilla o café a la forma de un brote pequeño, tierno, verde y adorable. Sigue siendo la misma semilla, pero ahora tiene otra forma. ¡Esto es maravilloso! En esta nueva forma la semilla crece y se reproduce, aumentando de un solo grano a treinta, sesenta o cien.

Este es un buen ejemplo de la crucifixión del Señor Jesús, de Su sepultura y de Su resurrección. Cuando El resucitó se despojó de su forma original, pues ya no era más un grano individual. Juan 12:24 dice que El era el grano que cayó en tierra, pero después de haber resucitado dejó de ser un solo grano; al resucitar, creció y produjo muchos granos. ¿Quiénes son los muchos granos? Estos muchos granos son todos los miembros de Su Cuerpo como Su aumento. Aunque esto es misterioso, lo podemos ver constantemente en el mundo de la naturaleza, como en el caso de la siembra y brote de las semillas. Antes de caer en tierra, hay un solo grano, pero después de haber caído en tierra y brotado, el grano se convierte en muchos granos, los cuales son el aumento de la semilla original.

UNA FORMA MISTERIOSA Y MARAVILLOSA

Después de Su resurrección, El Señor volvió a Sus discípulos en otra forma. Aunque Su cuerpo era palpable, tenía otra forma, una forma misteriosa y maravillosa que no podemos explicar. Después de que el Señor Jesús fue crucificado y sepultado, todos los discípulos estaban completamente desilusionados. Mientras ellos estaban reunidos por la noche con las puertas cerradas por temor a los judíos, el Señor Jesús se les apareció. El no llamó a la puerta y ellos tampoco la abrieron para que El entrara. Los discípulos estaban bajo las amenazas de los judíos y se hallaban sucumbidos en la tristeza, pero el Señor apareció súbitamente entre ellos y dijo: "Paz a vosotros" (Jn. 20:19). ¡Qué palabra tan maravillosa! Sin duda, ellos no tenían paz; estaban tristes debido a la muerte del Señor, se hallaban bajo la amenaza de los judíos y ahora probablemente se inquietaron por la repentina aparición del Señor. Así que El les dijo: "Paz a vosotros". Luego les mostró las manos y el costado, y los discípulos comprendieron que no estaban viendo un fantasma ni una aparición, sino a su amado Señor. ¿Qué clase de cuerpo tenía el Señor? ¿Era un cuerpo físico? Ciertamente sí lo era, ya que podían tocarle; pero entonces, ¿cómo entró al cuarto estando las puertas cerradas? Simplemente no podemos sistematizar conforme a nuestra teología este hecho tan maravilloso y misterioso. El tenía un cuerpo tangible, pero a la vez espiritual, y viceversa. Su cuerpo era tangible ya que los discípulos podían tocarle, pero también era espiritual porque vino a ellos estando las puertas cerradas.

EL HOMBRE Y DIOS MORAN UNO EN EL OTRO PARA PRODUCIR LA EXPRESION DE DIOS

En Juan 1 vemos que el Dios invisible se hizo carne, lo cual era positivo, ya que anteriormente El era invisible pero ahora otros podían verle. Por otra parte, no era tan positivo porque al estar en la carne, estaba limitado y no podía entrar en Sus discípulos. El no podía ser uno con ellos al grado de que uno morara en el otro. El no podía vivir en ellos ni ellos tampoco podían vivir en El; esto era imposible mientras El estuviera en la carne.

¿Cómo entonces pudo El entrar en usted y en mí para hacernos Su morada, y cómo pudimos nosotros entrar en El y tomarle como nuestra morada? Mientras El estuviera en la carne, esto era imposible. Lo que el Señor quiere es vivir en usted para que usted viva en El, y así, vivan uno en el otro. En este morar mutuo, una persona vive en otra, y ésta vive en aquella; son dos personas, pero a la vez, una. ¡Esto es maravilloso! Esto es lo que Dios desea. Dios quiere entrar en usted para que usted pueda estar en El. El mora en usted, y usted mora en El. El y usted son uno, pero al mismo tiempo, siguen siendo dos. Esta morada mutua, que el uno more en el otro, expresa a Dios.

El Dios invisible se hizo carne visible. Pero dicha carne nunca podría entrar en nosotros, así que El tuvo que cambiar de forma y tomar la forma del Espíritu. Esta forma espiritual es muy misteriosa. Nadie puede comprender cabalmente cómo es posible que el cuerpo del Señor sea espiritual y, a la vez, físico; no obstante, nuestro Dios sí llegó a ser el Espíritu. Cuando el Señor entró en aquel cuarto, los discípulos al principio no sabían que era El, pero luego les dijo: "Paz a vosotros". Después, sopló en ellos y les dijo que recibieran el *Pneuma* Santo, el Espíritu Santo, el Aire Santo (Jn. 20:22). Después de soplar en ellos, El no les dijo adiós ni salió por la puerta, sino que simplemente desapareció. ¿No es esto maravilloso? En realidad El no vino a ellos, sino que se les apareció. Decir que El vino no es muy exacto; El simplemente apareció allí. Tampoco es correcto decir que El se fue, pues sólo desapareció. El seguía estando allí, pero estaba en ellos.

LA EXPRESION DE DIOS EN CUANTO A SU REALIDAD 61

LA PRESENCIA INVISIBLE DEL SEÑOR

Aun hoy El está aquí, pero no de forma visible. Conforme a nuestra debilidad, a todos nos gustaría verle aparecer. Pero debemos comprender que Su aparición no es tan provechosa como el hecho de que no se nos aparezca. El Señor Jesús vino para adiestrar a Sus discípulos a fin de que se percataran de Su presencia invisible, ya que estaban acostumbrados a tener Su presencia visible. Ellos desconocían Su presencia invisible, así que el Señor Jesús vino para entrenarlos, al aparecerse a ellos y luego desaparecer. ¿A dónde fue después de desaparecer? Estaba en ellos. Desde ese momento en adelante El nunca se fue, pero Pedro y los otros discípulos no lo comprendieron. Poco después se desanimaron, al grado que Pedro dijo: "Voy a pescar" (Jn. 21:3). Cuando El se fue a pescar, los demás fueron con él. Ellos no sabían que al ir a pescar, llevaban al Señor Jesús con ellos, porque ahora El estaba en ellos. Supongamos que usted va al cine. ¿Sabe que cuando usted va al cine, también lleva allí al Señor Jesús, porque ahora El mora en usted? Mientras ellos pescaban, el Señor Jesús estaba allí sufriendo. Probablemente el Señor hizo algo para mantener alejado a los peces, ya que aquella noche no pescaron nada.

DOS "LLEGAR A SER"

Por medio de Su muerte y de Su resurrección, el Señor llegó a ser el Espíritu. En 1 Corintios 15:45 dice que el postrer Adán fue hecho Espíritu vivificante. El postrer Adán no es tan simple como el primer Adán. El primer Adán no tenía a Dios dentro de él, pero el postrer Adán era Dios mismo hecho carne; esto es muy significativo. El postrer Adán era un Dios-hombre. Las buenas nuevas consisten en que después de El no hay otro Adán, ya que ¡El es el último Adán! Quizás ustedes se pregunten, ¿no soy yo un Adán? En Adán todos somos Adán, pero en el postrer Adán ya no somos Adán. El postrer Adán dio fin al linaje de Adán.

El postrer Adán, que era Dios hecho hombre, se hizo el Espíritu. En El vemos dos "llegar a ser". El Verbo se hizo carne, esta carne era el postrer Adán, y este postrer Adán fue hecho Espíritu vivificante. Sin estos dos pasos, El no hubiera podido entrar en nosotros. Primero El llegó a ser carne para morar entre los hombres, y luego llegó a ser el Espíritu para morar en Sus creyentes. El vino a nosotros mediante estos dos "llegar a ser". Primero, Dios se hizo hombre para ser el último Adán y, segundo, este postrer Adán fue hecho Espíritu para entrar en nosotros. El postrer Adán en la carne fue a la cruz para redi0mirnos y resolver todos los problemas del pecado y de los pecados, y después de solucionarlos, El llegó a ser el Espíritu vivificante a fin de impartirse en nosotros como vida.

Primero, el Verbo se hizo carne y moró entre los hombres para ser el Cordero de Dios que quita el pecado del mundo (Jn. 1:29). Pero después de quitar el pecado del mundo, El tomó un paso adicional y llegó a ser el Espíritu vivificante. Hoy El es el Cordero, el Redentor, y también el Espíritu, el que da vida. ¡El es ambos! Actualmente, la mayoría de los cristianos sólo conoce el evangelio de Cristo como el Cordero, pero no conoce el evangelio de Cristo como el Espíritu vivificante. Ellos sólo saben que Cristo es el Cordero de Dios que quita el pecado del mundo, pero no comprenden que este mismo Cristo es también el Espíritu que da vida. El es ambos: el Cordero que quita el pecado y el Espíritu que da vida. No sería suficiente si El solamente fuera el Cordero que quita el pecado. Podemos usar el altar del tabernáculo como ejemplo. No es suficiente sólo acudir al altar para solucionar nuestro problema del pecado, pues de esta manera aún no somos la expresión de Dios; más bien, debemos entrar en el tabernáculo para expresar a Dios. ¿Cómo podemos entrar en el tabernáculo? El Redentor, que llegó a ser el Espíritu vivificante, tiene que entrar en nosotros, y luego El mismo llega a ser el camino de vida para que entremos en Dios. Actualmente, El no es simplemente el Cordero, el Redentor, que quita nuestros pecados, sino que además es el Espíritu que nos imparte vida. En Juan 10:10 El dijo que había venido para que tuviésemos vida y para que la tuviésemos en abundancia. Pero si El nunca hubiera entrado en resurrección, ¿cómo podría impartirnos vida? Sería imposible. El tuvo que entrar en resurrección para llegar a ser el Espíritu vivificante. En la actualidad, El no es sólo el Redentor, sino

LA EXPRESION DE DIOS EN CUANTO A SU REALIDAD 63

también el que da vida. Ahora, en resurrección, El es el Espíritu vivificante.

SATURADOS POR EL SEÑOR ESPIRITU

Hasta aquí hemos visto que nuestro Redentor, el Segundo de la Trinidad, fue hecho Espíritu vivificante. En 2 Corintios 3:17 leemos: "Y el Señor es el Espíritu". ¿Quién es el Señor? Conforme al contexto de los capítulos dos, tres y cuatro de 2 Corintios, podemos ver que el Señor aquí es Jesucristo (4:5). Después de Su resurrección, el Señor Jesucristo es el Espíritu. El versículo 17 del capítulo 3 además declara que "donde está el Espíritu del Señor, allí hay libertad". Esto significa que estamos libres de la ley, de la religión, de la cultura, de los conceptos éticos y de las tradiciones.

Después de ser liberados, el versículo 18 dice: "Mas, nosotros todos, a cara descubierta mirando y reflejando como un espejo la gloria del Señor, somos transformados de gloria en gloria en la misma imagen, como por el Señor Espíritu". En el capítulo anterior vimos que tenemos cuatro capas de velos: la cultura, la religión, la ética y las tradiciones. Sólo después de que todos estos velos hayan sido quitados podemos ver al Señor a cara descubierta. Le miramos como un espejo y al mismo tiempo le reflejamos. De este modo, estamos siendo transformados a Su imagen para llegar a ser Su expresión. Somos transformados a Su imagen de un grado de gloria a otro grado de gloria. ¿Cómo se lleva a cabo esto? Por el Señor Espíritu. Primero, en el versículo 17, vemos que el Señor es el Espíritu y, además, se usa la frase "el Espíritu del Señor". Y después, en el versículo 18, tenemos la expresión "el Señor Espíritu". Estos son uno solo. El Señor es el Espíritu, y el Espíritu del Señor es el Señor Espíritu. Esto significa que después de que el Señor llegó a ser el Espíritu vivificante, El entró en nosotros para liberarnos de todos los velos. Luego, día tras día, en tanto le miramos y le reflejamos, estamos siendo transformados a Su imagen de un grado de gloria a otro grado de gloria por medio de El, el Señor Espíritu, a fin de expresar a Dios. Simplemente necesitamos permitir que El nos sature y nos empape por completo. Cuanto más le miramos y reflejamos, más nos saturará y nos empapará para transformarnos a Su propia imagen, a fin de que expresemos a Dios. Esto no solamente tiene que ver con que el Señor se mezcle con nosotros, sino también con que nos sature y nos empape.

Un buen ejemplo en cuanto a ser saturados y empapados es la preparación del té. Para preparar el té, ponemos una bolsita de té dentro de una taza con agua caliente. Gradualmente, el té satura el agua hasta que ésta llega a ser agua-té. Ya no la llamamos agua, sino té. Realmente hay más agua que té, pero el agua ha sido saturada por el té y con el té; dicha saturación hace que el agua llegue a ser té. El té que satura es semejante a Cristo. Cuando se pone el té en el agua, el agua es "teificada"; asimismo, cuando Cristo entra en nosotros y nos satura, somos "cristificados". Cristo como Espíritu vivificante nos satura hasta cristificarnos. Al ser cristificados, llegamos a ser Cristo, y es por eso que nos llamamos cristianos. Cristo ha entrado en nosotros y nos ha cristificado, por consiguiente, somos cristianos. Ser cristianos significa ser simplemente Cristo; éste es el Cristo corporativo que constituye la expresión de Dios.

Este es el recobro del Señor. El Señor no tiene la intención de recobrar en nosotros una manera específica de cómo nos vestimos, sea con camisa de manga larga o con faldas largas. Además, tampoco tiene la intención de recobrar que las mujeres no usen maquillaje ni desea meramente recobrar el bautismo por inmersión o el hablar en lenguas. Estos son asuntos menores. ¡La intención de Dios es recobrar la cristificación! Necesitamos ser cristificados. ¡Maravilloso! ¿Qué es la vida de iglesia? La vida de iglesia es la gloriosa cristificación del hombre. ¿Qué es el recobro del Señor? Es cristificar a cada creyente por completo. Esta cristificación es simplemente la expresión de Dios.

EL ESPIRITU

Ahora prosigamos a Romanos 8. Este capítulo habla extensamente acerca del Espíritu, a saber, menciona el Espíritu de vida (8:2), el Espíritu de Dios (8:9), el Espíritu de Cristo (8:9), el Espíritu de aquel que levantó de los muertos a Jesús (8:11), y finalmente, el Espíritu (8:16). El versículo 16 dice que el

Espíritu mismo da testimonio juntamente con nuestro espíritu. ¿Qué Espíritu es éste? Es el Espíritu de vida, el Espíritu de Dios, el Espíritu de Cristo, el Espíritu de aquel que levantó de los muertos a Jesús y el Espíritu. "El Espíritu" es el título más corto atribuido al Espíritu de Dios, pero es el más significativo. Incluso Juan 7:39 usa simplemente el término "el Espíritu", pues antes de la resurrección de Jesús aún no había el Espíritu. Pero después de Su resurrección, vino el Espíritu de realidad. Por tanto, en Romanos 8 vemos el Espíritu.

PUESTOS EN CRISTO EL ESPIRITU

En 1 Corintios 1:30 dice que por Dios estamos en Cristo Jesús; esto significa que Dios nos ha puesto en Cristo a fin de que Cristo sea nuestra sabiduría, nuestra justicia, nuestra santificación y nuestra redención. ¿Cómo puede una persona ser nuestra sabiduría, justicia, santificación y nuestra redención, a menos que esa persona llegue a ser uno con nosotros? Dios nos ha puesto en Cristo, así que Cristo es nuestra sabiduría, nuestra justicia, nuestra santificación y también nuestra redención. ¡Cristo lo es todo para nosotros! Ya que Dios nos ha puesto en Cristo, Cristo ha llegado a ser el todo para nosotros. Para que Dios nos ponga en Cristo, Cristo debe ser el Espíritu. Puesto que Cristo ha llegado a ser Espíritu, Dios puede introducirnos en este Espíritu, y dicho Espíritu puede llegar a ser nuestra sabiduría, justificación, santificación y redención.

EL TEMPLO DE DIOS

En 1 Corintios 3:16-17 dice que somos el templo de Dios. No solamente Cristo mismo es el templo, sino que todos nosotros, quienes estamos en Cristo y le tenemos en nosotros, somos el templo para contener a Dios y expresarle.

SER UN ESPIRITU CON EL SEÑOR

En 1 Corintios 6:17 dice que estamos unidos a este maravilloso Señor; somos un espíritu con El. Mientras hablamos o hacemos algo, debemos creer que somos un espíritu con El.

EL DIOS TRIUNO A QUIEN DISFRUTAMOS

En 2 Corintios 13:14 dice: "La gracia del Señor Jesucristo, el amor de Dios, y la comunión del Espíritu Santo sean con todos vosotros". Este es el Dios Triuno a quien disfrutamos. Con Cristo el Hijo tenemos la gracia, con Dios el Padre tenemos el amor, y con Dios el Espíritu tenemos la comunión; ésta es nuestra porción, nuestro disfrute. Esto no es sólo cierta clase de bendición; más bien, la gracia de Cristo, el amor de Dios y la comunión del Espíritu Santo está con nosotros para que lo disfrutemos. Esta es la realidad de la expresión de Dios, y lo que el Señor desea recobrar.

EL PODER DIVINO DENTRO DE NOSOTROS COMO DINAMO

Leamos ahora Efesios 1:19-23. ¡Estos versículos son muy profundos! Ellos nos dicen que existe un poder divino; en griego esta palabra significa dinamo. Dios ejerce sobre nosotros el mismo poder con el cual resucitó al Señor Jesús de entre los muertos, lo exaltó hasta lo más alto del universo, subyugó y sujetó todas las cosas bajo Sus pies, y lo dio por Cabeza sobre todas las cosas a la iglesia. La iglesia es Su Cuerpo, y Su Cuerpo es la plenitud, el rebosamiento, la expresión de dicha Persona todo-inclusiva que todo lo llena en todo. ¡Esto es maravilloso! Esto es la iglesia. El Señor ha de recobrar esta iglesia, la iglesia como Cuerpo de Cristo, la cual es la plenitud de Aquel que todo lo llena en todo, Aquel que está en resurrección, en exaltación, en autoridad. ¿Cómo puede suceder esto? Es posible sólo cuando El nos sature con Su resurrección, Su exaltación y Su autoridad. Cuando El nos "cristifica" al saturarnos consigo mismo, nos infunde todos los atributos del Cristo todo-inclusivo. Cristo es el motor, la dinamo en la vida de iglesia. Si esta dinamo no opera en la vida de iglesia, la iglesia no tiene vida y está vacía, y en realidad no sería la iglesia que el Señor desea recobrar. El Señor desea recobrar una iglesia que tenga esta dinamo.

SER LLENOS HASTA TODA LA PLENITUD DE DIOS

En Efesios 3:16-18 Pablo oró al Padre para que fortaleciera a los creyentes con poder en el hombre interior por Su

Espíritu, a fin de que Cristo el Hijo haga Su hogar en ellos. Esto tiene como meta que ellos sean llenos hasta toda la plenitud del Dios Triuno. El Padre nos fortalece por medio del Espíritu para que el Hijo haga Su hogar en nosotros; éste es el Dios Triuno que se establece plenamente en nuestro ser interior para llenar nuestra mente, parte emotiva y voluntad, e incluso llenar cada rincón de nuestra conciencia, corazón y espíritu. El Dios Triuno quiere llenarnos hasta que El rebose de cada parte de nuestro ser; ésta es la realidad de la expresión de Dios y es lo que el Señor desea recobrar.

El Señor no desea recobrar doctrinas ni prácticas triviales. Lo que El desea recobrar es que el Padre nos fortalezca en nuestro hombre interior por medio del Espíritu, para que el Hijo, quien lo es todo, pueda hacer Su hogar y establecerse plenamente en nuestro corazón, en cada parte de nuestro ser interior, hasta que todo nuestro ser sea lleno del Dios Triuno y rebose de El, a fin de que lo expresemos.

LA CORPORIFICACION DEL DIOS TRIUNO

Efesios 4:4-6 dice que hay un Cuerpo, un Espíritu y una esperanza de nuestra vocación. Hay un Señor, una fe y un bautismo. Hay un Dios y Padre de todos, el cual es sobre todos, por todos y en todos. Con el Cuerpo y el Espíritu hay una esperanza. El Señor ha de recobrar una iglesia que esté llena, saturada y mezclada con el Espíritu, una iglesia llena de esperanza. Dicha iglesia es una con el Señor mediante la fe y el bautismo, para que Dios el Padre pueda ser sobre todos, por todos y en todos continuamente. Dicha iglesia es la corporificación misma del Dios Triuno, pues está mezclada con el Espíritu, es una con el Señor, y está plenamente compenetrada con el Padre, el cual es sobre ellos, por ellos y en ellos.

SER RENOVADOS CON UN NUEVO ELEMENTO

En Efesios 4:22-24 dice que dicha iglesia —la cual está mezclada con el Espíritu, es una con el Señor y está saturada con el Dios Triuno— está siendo renovada. Ser renovados equivale a desechar el elemento viejo y reemplazarlo con un elemento nuevo. Tenemos que desechar los viejos elementos de la cultura, la religión, la ética y las tradiciones. En la vida de iglesia opera un metabolismo de vida, el cual hace que desechemos lo viejo y lo reemplacemos con un elemento nuevo. Diariamente podemos disfrutar algo nuevo. Esto no se refiere a disfrutar nuevas enseñanzas ni nuevas ideas, sino a disfrutar un elemento nuevo que proviene de la fuente divina, la cual es el Dios Triuno; El nos saturará a fin de desechar lo viejo y reemplazarlo. De esta manera, el elemento viejo será desechado y será reemplazado por el elemento nuevo, que es el Dios Triuno.

SER LAVADOS Y RENOVADOS

En Tito 3:5-6 leemos: "Nos salvó, no por obras de justicia que nosotros hubiéramos hecho, sino conforme a Su misericordia, mediante el lavamiento de la regeneración y la renovación del Espíritu Santo, el cual derramó en nosotros abundantemente por medio de Jesucristo nuestro Salvador". En la vida de iglesia, nuestro ser es lavado; este lavamiento es el lavamiento de la regeneración. Mientras estamos siendo lavados, somos renovados por el Espíritu, y la vieja naturaleza es eliminada. El viejo hombre tiene que ser lavado y eliminado, y el elemento nuevo tiene que ser añadido mediante el Espíritu que nos renueva.

LA EXCELENCIA DE CRISTO

En Filipenses 1:19-21 vemos que Pablo sólo estaba interesado por la abundante suministración del Espíritu de Jesucristo, la cual resultaría en su salvación. A él no le importaba si estaba encarcelado o si iba a morir; únicamente le importaba magnificar a Cristo. Para Pablo el vivir era Cristo. Esta es la expresión de Dios. En el capítulo 3 del mismo libro Pablo indica que anteriormente él valoraba ciertas cosas, especialmente la justicia que proviene de guardar la ley, pero que ahora contaba todas las cosas como basura, como comida de perros. Ahora él perseguía solamente una cosa: ir en pos de Cristo. El deseaba vivir a Cristo, vivir en El y ser hallado en El. Pablo deseaba estar en Cristo, teniéndole a El como su justicia y su todo. Anhelaba conocer a Cristo, pues esto es lo más excelente. Pablo quería conocerle y experimentar el poder de

Su resurrección. El apóstol declaró en Filipenses 4:13 que él podía hacerlo todo en Aquel que lo revestía de poder.

LA CORPORIFICACION DE DIOS

Al leer Colosenses 2:9 vemos que este Cristo, quien está "cristificándonos", es la corporificación de Dios. Toda la plenitud de la Deidad habita en El corporalmente. El está cristificándonos con la plenitud de la Deidad para hacernos la expresión plena de Dios. En 3:4 vemos que este Dios es nuestra vida, y en 3:10 descubrimos que estamos siendo renovados para ser un nuevo hombre, donde no hay razas, ni clases sociales ni cultura, sino que Cristo es el todo y en todos. El es el todo y está en todos los miembros. En cada raza y en cada color sólo hay lugar para Cristo.

DIOS SE MANIFIESTA EN LA CARNE

Por último, en 1 Timoteo 3:15-16 vemos que la iglesia es la casa del Dios viviente; grande es este misterio. Todos confiesan que Dios se manifiesta en la iglesia, la cual es la expresión misma del Dios Triuno. Esto es lo que el Señor desea recobrar hoy.

Capitulo seis

EL ASPECTO PRACTICO Y LA CONSUMACION DE LA EXPRESION DE DIOS

Lectura bíblica: Ap. 1:4-5a, 9-20; 2:7, 17; 3:12, 20; 4:5; 5:6; 21:1-3; 22:1-2, 14, 17

En los mensajes anteriores hemos abordado el tema de la expresión de Dios, partiendo desde el primer capítulo de Génesis hasta casi el final de la Biblia. Ahora en el último libro de la Biblia, Apocalipsis, vemos dos grupos principales. En el primer grupo vemos la iglesia y su consumación, que es la Nueva Jerusalén; esto es lo que Dios desea. En el segundo grupo vemos todo lo que existe en el universo aparte de la iglesia, lo cual será juzgado, condenado y quemado. No hay un tercer grupo. Todo lo que pertenece al primer grupo perdurará por la eternidad y consumará en la ciudad nueva de agua viva, la Nueva Jerusalén, la cual es el tabernáculo eterno de Dios, Su expresión plena por la eternidad. Todo lo que no pertenece a la iglesia y su consumación será quemado en el lago de fuego. En la Biblia sólo hay dos fuentes, dos líneas, dos corrientes, dos caminos y dos resultados.

DOS FUENTES Y DOS RESULTADOS

¿Cuáles son estas dos fuentes? Si leemos Génesis 2 otra vez, podemos ver que el árbol de la vida es la fuente positiva y que el árbol del conocimiento es la fuente negativa. El árbol de la vida introduce la línea de la vida, el fluir de la vida y el camino de la vida, lo cual tiene como resultado una ciudad nueva de agua viva donde crece el árbol de la vida. Así que, se comienza con vida y se termina también con vida. Y el resultado es la nueva ciudad, el tabernáculo eterno, la expresión plena de Dios.

La otra línea, que se halla en el lado negativo, comienza con el árbol del conocimiento y termina en el lago de fuego. Desde el principio hasta el final de la Biblia hay una línea del juicio de Dios, la cual empezó desde el momento en que fuego descendió de los cielos sobre Sodoma y Gomorra (Gn. 19:24), y continúa hasta el día de hoy. En Mateo 3:10-12, en 1 Corintios 3:13, Hebreos 6:8 y Hebreos 12:29, vemos este fuego. Finalmente, en Apocalipsis 20 y 21 vemos el lago de fuego. Ya no se ve sólo un fluir, pues dicho fluir se ha convertido en un lago. El producto del juicio de Dios es el lago de fuego. Todo lo que Dios ha juzgado y quemado con Su fuego a lo largo de los siglos, terminará en el lago de fuego.

UN LIBRO DE VIDA

El libro de Apocalipsis es una continuación de lo que Juan reveló en su Evangelio y en sus epístolas. El Evangelio de Juan nos revela principalmente el tema de la vida divina. La vida divina es el propio Dios Triuno —el Padre, el Hijo y el Espíritu— como nuestra vida y suministro de vida. ¡La vida revelada en el Evangelio de Juan es tan misteriosa, divina y elevada!

En sus tres epístolas, Juan revela más misterios acerca de la vida divina, tales como la comunión divina, el morar divino, la unción divina, el nacimiento divino y la semilla divina. Ya que el Evangelio de Juan y sus epístolas giran en torno a la vida divina, no debemos pensar que Apocalipsis, el cual fue escrito también por Juan, trata de algo diferente. Juan fue un escritor que reveló la vida divina; por consiguiente, debemos ver que su último libro también trata de la vida divina. Por ejemplo, toda la Biblia tiene que ver con el árbol de vida. Después de que Dios creó al hombre, lo trajo frente al árbol de la vida. La Biblia comienza en Génesis con el árbol de la vida y termina en Apocalipsis también con el árbol de la vida; esto es así porque toda la Biblia es un libro de vida.

En este mensaje y en los dos mensajes anteriores hemos abarcado numerosos versículos cruciales. En cuanto nos sea posible debemos estudiar estos versículos, memorizarlos, recitarlos y orar-leerlos una y otra vez. Sería conveniente hacer esto cada mes durante dos años. Si lo hacen, verán resultados;

les aseguro que verán algo. Estos son los versículos más cruciales de la Biblia. Necesitan comerlos y digerirlos, recibiendo cada uno de estos versículos en su ser interior.

LA CONCLUSION DE TODA LA BIBLIA

Ahora llegamos a la consumación de la expresión de Dios. El libro de Apocalipsis es el resultado final de toda la Biblia, y sin este libro, la Biblia no tendría conclusión. Si usted sabe lo que Apocalipsis contiene, podrá ver que casi todas las señales incluidas en el Antiguo Testamento están allí. Por ejemplo, la primera señal mencionada en Apocalipsis es los candeleros. El candelero fue mencionado por primera vez en Exodo (Ex. 25:31-40), por segunda vez en 1 Reyes 7:49, y por tercera vez en Zacarías 4:2-10. Si usted pasa por alto el libro de Apocalipsis, no sabrá el verdadero resultado o consumación del candelero.

La última señal revelada en Apocalipsis es la Nueva Jerusalén, una ciudad edificada en cuadro que tiene tres puertas a cada lado. La Nueva Jerusalén también aparece en el libro de Ezequiel. Al final de este libro vemos una ciudad cuyo nombre es "Jerusalén", la cual tiene tres puertas en cada uno de sus cuatro lados, y escritos en ellas los nombres de las doce tribus de Israel (Ez. 48:31-34). Entre los candeleros mencionados en Apocalipsis 1 y la Nueva Jerusalén en Apocalipsis 21 y 22, se hallan el árbol de la vida y el maná (2:7, 17). El árbol de la vida también fue mencionado en Génesis, y el maná, en Exodo 16.

Otro aspecto que se menciona en el Antiguo Testamento y que tiene su consumación en el Nuevo Testamento, es el Cordero de Dios. Juan mencionó el Cordero de Dios cuando dijo: "¡He aquí el Cordero de Dios, que quita el pecado del mundo!" (Jn. 1:29). El cordero también fue mencionado en Génesis 22, cuando Abraham ofreció a su hijo Isaac en el altar. En ese pasaje vemos que Dios intervino para detener a Abraham, y cuando éste se volteó, vio un carnero y lo ofreció en lugar de su hijo Isaac. También vemos el cordero de la Pascua en Exodo 12. La consumación de este cordero se halla en Apocalipsis 22:1, donde vemos el río de agua de vida que sale del trono de Dios y del Cordero.

En Apocalipsis también vemos las siete lámparas. Las siete lámparas y los siete Espíritus de Dios ya habían sido mencionados en Zacarías 4. Los cuatro seres vivientes de Apocalipsis también se hallan en Ezequiel 1. Casi todo lo que consta en el libro de Apocalipsis puede encontrarse en el Antiguo Testamento, porque Apocalipsis es la conclusión de toda la Biblia. Por tanto, para entender este libro, es menester entender toda la Biblia. El libro de Apocalipsis es la conclusión, no sólo de los escritos de Juan, sino también de toda la Biblia.

ASPECTOS DE ESTA CONSUMACION

Primero que todo, al final de esta era Dios obtendrá las iglesias locales en la tierra, las cuales son los candeleros. En Apocalipsis no se menciona el término "iglesia local"; sin embargo, en Apocalipsis 1:1 Juan escribe a las siete iglesias que están en siete ciudades, lo cual indica que las siete iglesias equivalen a siete ciudades. Juan no escribió a la iglesia que estaba en una calle, en una casa, en una comunidad o en un recinto universitario; más bien, Juan escribió a siete iglesias que estaban en siete ciudades. Asia, una provincia del antiguo Imperio Romano, era como un estado. Ya que Asia era una provincia, podía tener más de una iglesia, pero cada ciudad de esta provincia sólo podía tener una iglesia. Por ejemplo, conforme a los datos históricos, Efeso era una ciudad grande en aquel tiempo; no obstante, sólo había una iglesia en Efeso.

AQUEL QUE ERA Y QUE ES Y QUE HA DE VENIR

El tono de Juan en su salutación a las iglesias es diferente al tono usado por Pablo en las salutaciones de sus epístolas. Por ejemplo, en Gálatas 1:3 Pablo dice: "Gracia y paz sean a vosotros, de Dios nuestro Padre y del Señor Jesucristo". Pero en Apocalipsis 1:4-5, Juan dice: "Gracia y paz a vosotros de parte de Aquel que es y que era y que ha de venir, y de los siete Espíritus que están delante de Su trono; y de Jesucristo, el Testigo Fiel, el Primogénito de entre los muertos, y el Soberano de los reyes de la tierra". ¿Quién es Aquel que es y que era y que ha de venir? Es Jehová del Antiguo Testamento, el gran Yo Soy. Cuando Moisés le preguntó a Dios por Su nombre, El le contestó: "Yo Soy el que Soy". El es el verbo Ser; El es el gran Yo Soy. Aparte de El, todo lo demás no existe. El es el único que existe. En el pasado El era, en el presente El es, y en el futuro El será. El es el Yo Soy. Este es Jehová.

LOS SIETE ESPIRITUS DE DIOS

En el libro de Apocalipsis vemos que el Espíritu de Dios llega a ser los siete Espíritus (1:4; 4:5). ¿Cómo puede el único Espíritu llegar a ser siete? Estos siete Espíritus son las siete lámparas que arden delante del trono (Ap. 4:5). El candelero tiene dos aspectos: visto desde arriba, contamos siete lámparas; pero al ver la base, es un solo candelero. Esto significa que el candelero es siete-uno y uno-siete. Un buen ejemplo para explicar esto es una lámpara que tiene tres niveles de intensidad luminosa: si usted necesita poca luz, oprime sólo una vez el interruptor; si quiere más luz, vuelve a pulsar el interruptor; pero si requiere aún más iluminación, oprime por tercera vez el interruptor. ¡Sería maravilloso si existiera una lámpara de siete intensidades! El resplandor del candelero mencionado en Apocalipsis está intensificado siete veces porque hoy es un día de tinieblas y la visión del pueblo de Dios es muy débil. En los Evangelios vemos un solo Espíritu de Dios, pero en Apocalipsis este Espíritu se ha intensificado siete veces, no en cuanto a substancia sino en función. Ciertamente hay un solo Espíritu, pero Su función se ha intensificado siete veces. Actualmente, el Espíritu de Dios es los siete Espíritus.

EL TESTIGO FIEL Y EL SOBERANO
DE LOS REYES DE LA TIERRA

Apocalipsis 1:5 menciona que Jesucristo es el Testigo fiel. Mientras El estaba en la tierra, era un testigo de Dios. El resucitó de entre los muertos, llegando a ser el Soberano de los reyes de la tierra. No tenemos que preocuparnos por la situación mundial, pues todos los gobernantes de la tierra están sometidos bajo nuestro Soberano. Por eso, Su calendario es el calendario universal, ya que incluso los países comunistas ateos que se oponen a Cristo usan Su calendario. El es el Rey de reyes y el Soberano de todos los reyes.

LOS CANDELEROS DE ORO

Mediante estos ejemplos podemos ver que el libro de Apocalipsis se expresa en un tono especial, y muestra que hoy Dios quiere obtener una iglesia en cada localidad como Su expresión práctica. Cada iglesia local presentada en este libro es un candelero. El candelero es la corporificación del Dios Triuno, y en él vemos tres aspectos. Primero, la substancia es de oro puro. La substancia del candelero no es de madera ni de barro, sino de oro puro. El oro es una figura bíblica que representa la naturaleza divina de Dios el Padre. Así que, Dios el Padre es la substancia del candelero. En segundo lugar, el candelero de oro no es un pedazo de oro sin forma definida, sino que el oro ha sido moldeado conforme a la forma de un candelero. La forma, la corporificación del Dios Triuno, es el Segundo de la Trinidad. Toda la plenitud de la Deidad mora corporalmente en el Segundo de la Trinidad (Col. 2:9). Jesucristo es la forma de Dios. Este es Dios el Hijo. Así que, vemos la substancia del Padre y la forma del Hijo.

Y en tercer lugar, vemos la expresión del candelero. El candelero tiene la finalidad de resplandecer, y dicho resplandor es la expresión. La expresión del candelero es las siete lámparas. La Biblia dice claramente, no sólo en Apocalipsis sino también en Zacarías, que las siete lámparas son los siete Espíritus (Zac. 4:2, 6; Ap. 4:5). La substancia del candelero es Dios el Padre; la forma y la corporificación del candelero es Dios el Hijo; y la expresión del candelero es Dios el Espíritu. Así que, el candelero es la corporificación del Padre, del Hijo y del Espíritu; ésta es la iglesia. La iglesia es el candelero, la corporificación del Dios Triuno. En esto podemos ver lo que es una iglesia local. Una iglesia local tiene a Dios el Padre como su substancia, a Dios el Hijo como su corporificación, y a Dios el Espíritu como su resplandor y expresión.

Es correcto decir que el recobro del Señor tiene como meta recobrar la iglesia local, pero esto depende de lo que entendamos acerca de ello. Si pensamos que la iglesia local consiste de un grupo de cristianos que se reúnen en una ciudad, que no tienen nombre, que no pertenecen a una denominación ni tienen un pastor, que se sientan en cuatro direcciones y no

EL ASPECTO PRACTICO Y LA CONSUMACION   77

una, y que tienen reuniones en las cuales todos hablan: éste no es un entendimiento adecuado. Dicha iglesia local puede estar en el recobro del Señor, o no; todo depende de la realidad que haya en ella. ¿Qué es la realidad de la iglesia local? Es la substancia del Padre, la corporificación del Hijo y la expresión del Espíritu.

Supongamos que una persona visita una iglesia local y ve a las hermanas de más edad chismeando, a las hermanas más jóvenes murmurando, a los ancianos discutiendo y a los hermanos quejándose. ¿Es ésta la condición de un candelero de oro? No; éste es un candelero de lodo. Si hay chismes, murmuraciones, discusiones y argumentos, ¿dónde está la substancia del Padre, la corporificación del Hijo y la expresión brillante del Espíritu? Actualmente, es muy difícil encontrar entre los cristianos una situación adecuada en la que un candelero tenga la substancia del Padre, la corporificación del Hijo y el resplandor del Espíritu. En la mayoría de los grupos cristianos, lo que prevalece hoy principalmente es la política y los buenos modales.

LA VIDA DIVINA HECHA REAL
EN NOSOTROS PLENAMENTE

Esta situación significa que la vida divina no ha sido hecha real plenamente en los cristianos. Cuando alguien visita una iglesia local, debe ver la vida divina hecha real en esa iglesia. Lo que no deben ver es cierta manera de conducta o comportamiento, sino ver personas que viven a Cristo. Deberían ver a creyentes que realmente experimentan la vida divina. La vida divina debe ser hecha real plenamente en la iglesia local. Cuando esta vida divina es hecha real en nosotros, aniquila todos los chismes, las murmuraciones, los razonamientos y las discusiones, y también elimina la hipocresía y la diplomacia. Dios no quiere ver buenos modales ni política en la vida de iglesia, sino que quiere ver que Su propia Persona sea expresada en nosotros. Este es el candelero de oro, el aspecto práctico de la expresión de Dios. Hoy Dios desea recobrar dicho candelero en muchas ciudades importantes de la tierra; El quiere obtener dicha iglesia resplandeciente, pura y de oro. Sin duda alguna, la iglesia es una entidad compuesta de seres humanos, pero que han sido saturados con el oro celestial. Es decir, la substancia del Padre divino ha llegado a constituir el mismo ser de estas personas. El ser de ellos toma la forma de Jesucristo, y lo que expresan no es un comportamiento afable sino el Espíritu resplandeciente, que brilla intensificado siete veces. Esta es una iglesia local apropiada, un candelero apropiado; esto es lo que el Señor desea recobrar hoy.

    Dios no tiene la intención de recobrar asuntos triviales, por ejemplo, si nos vestimos con camisa de manga larga o si tenemos el pelo corto; más bien, en la iglesia local El desea recobrar nuestra experiencia de disfrutar la Trinidad, poseerla, hacerla real en nosotros y expresarla plenamente. La iglesia local apropiada es simplemente aquella que posee la Trinidad, la disfruta, la experimenta y la expresa. Para esto no sólo necesitamos el Espíritu básico, sino el Espíritu intensificado siete veces. Esta es la razón por la que tenemos que orar continuamente, sin cesar. Tenemos que ser llenos, saturados y empapados hasta que rebosemos. Disfrutar el Espíritu siete veces intensificado significa que El nos llena, inunda y rebosa de nuestro interior, hasta que llegamos a ser la plenitud del Dios Triuno. Esta plenitud es la expresión, y dicha expresión es simplemente el resplandor intensificado siete veces. Esta es la clase de iglesia local que el Señor recobrará. No estamos aquí sólo para tener una iglesia que sigue las enseñanzas externas de la Biblia. Lo que el Dios Triuno desea recobrar entre nosotros es un candelero apropiado en cada localidad. En cada ciudad, el Señor quiere tener dicho candelero brillante, que es la iglesia local.

    El Cristo que estas iglesias locales experimentan es Aquel revelado en Apocalipsis 1. Dicho Cristo tiene ojos como llama de fuego (Ap. 1:14). Sus ojos indican juicio, pero también denotan infusión. De Su boca sale una espada aguda de dos filos que mata, no a nosotros sino a nuestra carne, lo cual equivale a aniquilar nuestra murmuración y nuestra lengua chismosa. Sus pies son semejantes al bronce bruñido, que juzga, quema y purifica. En ocasiones, los mensajes dados en el recobro del Señor son como una espada de dos filos que corta y que juzga, debido a que Dios desea obtener un candelero de oro puro en cada localidad. El oro puro es aquel que ha sido purificado al pasar por el fuego. Cristo hoy es el fuego que arde para purificarnos. El no sólo nos lava, sino que también nos purifica al quemarnos. Este es el aspecto práctico de la expresión de Dios. No considere que dicho aspecto práctico abarca asuntos tales como cuántos ancianos debe haber en cada localidad y la edad que ellos deben tener. El aspecto práctico de la expresión de Dios tiene que ver con la vida divina, y depende de que el Dios Triuno sature nuestro ser para que lo expresemos.

Si usted recibe la visión de este aspecto práctico, dicha visión aniquilará todas sus opiniones. No tendrá el concepto de que es necesario levantar una iglesia en una escuela, calle o casa. Dicha visión matará todos estos conceptos diferentes. Usted sólo verá una iglesia en una ciudad. Sólo verá una iglesia, que es pura, de oro, resplandeciente y llena del Dios Triuno.

EL ARBOL DE LA VIDA, EL MANA Y LA FIESTA

El aspecto práctico de la expresión de Dios no solamente se presenta en Apocalipsis 1, sino también en los capítulos 2 y 3. En estos dos capítulos vemos que el Señor Jesús como Hijo del Hombre anda en medio de las iglesias, los candeleros, no solamente para purificarlas a fin de que resplandezcan con una luz pura, sino que también promete alimentarlas con el árbol de la vida (2:7), el maná escondido (2:17) y la fiesta (3:20). Los versículos 2:7 y 17 son promesas de las recompensas dadas a los vencedores, quienes en el reino venidero disfrutarán el árbol de la vida y el maná escondido. Esto indica que todos los santos que buscan al Señor pueden tener en esta era un sabor anticipado del disfrute de Cristo como árbol de la vida y maná escondido. Los vencedores disfrutan un anticipo en esta era de lo que disfrutarán plenamente en el reino venidero. El aspecto práctico de la expresión de Dios consiste en que podemos y debemos tener un sabor anticipado de la recompensa que el Señor ha prometido darnos en el reino venidero. Apocalipsis 3:20 es una promesa para esta era de que los santos que buscan al Señor, al abrirse a El, pueden disfrutar Su presencia y festejar con El. Estas tres promesas son el cumplimiento de disfrutar el árbol de vida mencionado en Génesis 2, el maná en Éxodo 16 y el rico producto de la buena tierra en Deuteronomio 12. A fin de obtener el aspecto práctico de la expresión de Dios en el recobro del Señor, el Señor nos alimentará con todas estas porciones especiales de alimento.

UNA PIEDRA BLANCA PARA EL EDIFICIO DE DIOS

La promesa del Señor dada en Apocalipsis 2:17 también implica que, al disfrutar el maná escondido, seremos transformados en una piedra blanca para edificar la casa espiritual de Dios a fin de que Él sea expresado (1 P. 2:5). Y la promesa del Señor dada en Apocalipsis 3:12 también indica que un santo que busca al Señor puede llegar a ser una columna en el templo de Dios, y llevar el nombre de Dios y el nombre de la Nueva Jerusalén para expresar a Dios. Esto ocurre al nutrirnos del árbol de la vida, del maná escondido y de la fiesta. En el aspecto práctico de las iglesias locales como expresión de Dios hoy, se requiere que disfrutemos del Cristo rico como nuestro alimento particular que nos nutre, con miras a que seamos transformados en piedras preciosas para edificar la morada eterna de Dios a fin de expresarlo.

EL DISFRUTE CONSUMADO QUE TENEMOS DE CRISTO

En la consumación de la expresión de Dios por la eternidad, un aspecto sobresaliente de la Nueva Jerusalén será que disfrutaremos del árbol de la vida y del agua de la vida. El árbol de la vida y el agua de la vida continuarán abasteciendo al pueblo redimido de Dios en el cielo nuevo y la tierra nueva, para que ellos expresen plenamente a Dios por la eternidad. Esto muestra que, tanto para el aspecto práctico como para la consumación de la expresión de Dios, es un requisito previo que experimentemos este disfrute especial del Cristo rico de Dios. Si no tenemos dicho disfrute de Cristo, la vida de iglesia en el recobro del Señor será simplemente una cáscara vacía, sin valor alguno en cuanto a la expresión de Dios.

EL ASPECTO PRACTICO Y LA CONSUMACION

LA NUEVA JERUSALEN

Ahora llegamos a la consumación de la Biblia, la Nueva Jerusalén. La Nueva Jerusalén es la suma total de los siglos pasados, incluyendo todas las cosas positivas que formaron parte de la expresión de Dios. Esta es la razón por la que en las doce puertas, que dan la entrada a la ciudad, están escritos los nombres de las doce tribus de Israel. Vemos también los nombres de los doce apóstoles inscritos sobre las doce piedras del cimiento. La Nueva Jerusalén es una entidad total compuesta del pueblo redimido de Dios, tanto del Antiguo como del Nuevo Testamento, incluyendo a los judíos y a los gentiles.

La Biblia revela que la Nueva Jerusalén es un monte (Ap. 21:16). En lo alto de ese monte se halla el trono del Dios-Cordero, el Dios redentor. ¿Cómo pueden Dios y el Cordero caber en un solo trono? Lo entendemos cuando vemos que el mismo pasaje de la Palabra revela que el Cordero es la lámpara (21:23). El Cordero, el Segundo de la Trinidad, es la lámpara, y Dios el Padre, el Primero de la Trinidad, es la luz. Y el Espíritu, el Tercero de la Trinidad, es el aceite. Esto quiere decir que el Dios tres-uno, el Dios uno-tres, se halla en el trono. Quizás algunos argumenten que la Biblia dice que Cristo está sentado a la diestra de Dios. Debemos entender que cada verdad presentada en la Biblia tiene dos aspectos. Sin estos dos lados o aspectos nada podría existir. Incluso una simple hoja de papel tiene dos lados. Un lado de la verdad es que el Señor Jesús está sentado a la diestra de Dios, y el otro, que el Dios-Cordero está sentado en el trono. Ambas declaraciones son correctas; no trate de reconciliarlas. Simplemente debemos aceptar lo que la Biblia dice. Las epístolas dicen que Cristo está a la diestra de Dios (Ro. 8:34), pero el cuadro presentado en Apocalipsis muestra que Dios está en Cristo. Dios, como luz, se halla en Cristo, la lámpara. El Dios Triuno está en el trono, y procedente del trono, o sea procedente de El, fluye un río que desciende del monte siguiendo un curso espiral hasta alcanzar las doce puertas. Esto implica que la nueva ciudad, la Nueva Jerusalén, sólo tiene una calle. Nadie puede perderse. La Nueva Jerusalén es la consumación, la expresión plena y completa de Dios por la eternidad. En los capítulos anteriores abordamos toda la Biblia y hemos visto cómo el hombre fue creado a la imagen de Dios y cómo finalmente él será la expresión plena de Dios, manifestándole cabal, completa y eternamente. En aquel día estaremos allí, y hoy estamos en las iglesias locales. Actualmente expresamos al Dios Triuno, y somos Su corporificación de una manera práctica. Tenemos la substancia divina del Padre, la forma e imagen del Hijo, y el resplandor del Espíritu, a fin de que expresemos al Dios en quien creemos y a quien servimos y adoramos. Esta es la expresión de Dios. Hoy estamos en Su aspecto práctico, y en el futuro seremos Su consumación.

Capítulo siete

NO LA APARIENCIA EXTERNA, SINO LA REALIDAD INTERNA

UN CONJUNTO DE FORMAS EXTERNAS

No hay ningún otro libro del Antiguo Testamento que presente una revelación tan completa de la economía de Dios como el libro de Exodo. Exodo contiene un conjunto completo de formas externas que describen la economía del Señor. En este libro vemos la Pascua (Ex. 12) y la poderosa salvación que Dios efectuó para liberar a Israel de Egipto. Vemos también milagros visibles realizados por Dios, incluyendo la muerte de todos los primogénitos de Egipto (Ex. 12:29). Posteriormente, en el desierto Dios hizo muchos otros milagros; por ejemplo, mientras los hijos de Israel vagaban por el desierto, recibieron maná durante cuarenta años.

También se les condujo al Monte Sinaí para recibir el decreto de la ley. Este decreto era también parte del conjunto de formas externas. Juntamente con la ley, se les dio también el diseño del tabernáculo, del mobiliario y de los detalles concernientes al sacerdocio, incluyendo las ofrendas de los sacrificios. Todo lo mencionado constituye un conjunto completo de formas externas.

NO VER EL SIGNIFICADO ESPIRITUAL DE LA APARIENCIA EXTERNA

Aunque estas formas externas fueron llevadas a cabo por medio de Moisés, dudo que él comprendiera la realidad divina de todo ello. Por ejemplo, vemos que por medio de él Israel fue liberado de la tiranía egipcia, y Dios hizo milagros en el desierto. Además, él también fue el mediador por el cual Dios dio la ley al pueblo. Dios puso a Moisés en una posición especial para que recibiera el diseño celestial del tabernáculo, del mobiliario y de todos los detalles concernientes al sacerdocio. El personalmente fue infundido por Dios, al grado que su rostro adquirió un resplandor divino. Pero aun con esto, dudo que Moisés vio la realidad divina y el significado divino de todas estas cosas. Dudo que Moisés entendiera claramente la impartición del Dios Triuno en Su pueblo para ser la vida, el suministro de vida e incluso la naturaleza de ellos, a fin de que ellos pudieran ser Su expresión viva. Después de su experiencia en el monte Sinaí, Moisés seguramente debió de haber entendido algo, pero dudo que entrara plenamente en el significado divino de todo ello. Dudo que Moisés entendiera que las tablas del tabernáculo, las cuales fueron hechas de madera de acacia recubiertas de oro, eran un tipo del Cristo cuya humanidad fue recubierta de la divinidad y que fue agrandado para ser la iglesia, la morada de Dios. Si el propio Moisés no vio la realidad interna en este conjunto de formas externas, ¿quién más pudo haberlas entendido?

A lo largo de todas las generaciones posteriores a Moisés, los hijos de Israel valoraron lo que recibieron de parte de él. De hecho, la unidad de la raza judía a través de los siglos se debe principalmente a lo que ellos recibieron por medio de Moisés. Todas esas generaciones han tenido en alta estima los Diez Mandamientos, el Pentateuco, el tabernáculo, el mobiliario del tabernáculo y el sacerdocio, pero la historia muestra que no han visto el significado espiritual de todo ello. No han entendido que el templo y el tabernáculo eran tipos de Cristo. No han entendido el verdadero significado de la mesa de los panes de la presencia ni por qué estaba en el tabernáculo, ni tampoco por qué había un candelero o por qué éste tenía siete lámparas y estaba enfrente de la mesa de los panes de la presencia. Al igual, desconocen el significado del velo o el verdadero significado del arca, la cual contenía la ley, el maná escondido y la vara que reverdeció. Aunque no han entendido todas estas cosas, ellos siguen valorándolas. Aun hasta el día de hoy les gustaría encontrar el arca. Sin embargo, siguen sin comprender el significado espiritual de todas estas formas externas. Su alta estima de todo lo externo no afecta en nada su vida diaria, porque no lo toman en vida sino que sólo guardan la apariencia externa. Por supuesto, vieron que la gloria de Dios estaba allí, pero para ellos eso sólo era una manifestación objetiva. Cuando el Señor Jesús vino como la realidad de todos estos tipos, ellos no le conocieron. El era una Persona todo-inclusiva. El era la realidad del tabernáculo, del arca, del candelero, de la mesa de los panes de la presencia, etc., pero no le conocieron.

EL CUMPLIMIENTO DE LA APARIENCIA EXTERNA

En el Evangelio de Juan, el Espíritu usa dos figuras para indicar que todo lo que se transmitió por medio de Moisés fue cumplido en una Persona, Jesucristo. Estas dos figuras son el tabernáculo en Juan 1:14 y el Cordero de Dios en 1:29. El tabernáculo es el objeto central que representa el conjunto de elementos que lo componen, incluyendo el mobiliario, el altar, el lavacro y el atrio. La palabra "tabernáculo" alude a un conjunto completo. El Espíritu Santo no usó la palabra tabernáculo como sustantivo, sino como verbo. Juan dijo que el Verbo se hizo carne y "tabernaculizó" entre nosotros (1:14). Esto indica que Cristo no era un tabernáculo inanimado sino viviente, ya que "tabernaculizó" entre los hombres. Dicho tabernáculo no necesitó que las personas lo cargaran, sino que se movía por Sí mismo; tampoco necesitó que lo erigieran ni que lo desarmaran, porque El mismo era el tabernáculo. Este tabernáculo es una Persona; esta Persona es Dios mismo que se hizo hombre. Este Dios que se hizo hombre es un tabernáculo viviente.

En El estaba la vida, y la vida era la luz de los hombres (Jn. 1:4). En 1:29 Juan dice: "¡He aquí el Cordero de Dios, que quita el pecado del mundo!" El Cordero de Dios representa todo lo que se relaciona con el sacerdocio. La presencia de un cordero muestra la necesidad de que los sacerdotes lo ofrezcan en sacrificio; esto alude al sacerdocio. Y ahora el sacerdocio es una Persona viviente. Esta Persona viviente es el cumplimiento del tabernáculo y del sacerdocio. Por eso decimos que el Evangelio de Juan es el cumplimiento del tabernáculo y de las ofrendas.

Nosotros nacimos en la mejor era para ver todo esto. El Señor dijo a los judíos que Abraham se regocijaba de que había de ver el día de Cristo (Jn. 8:56). En Mateo 11:11 el Señor Jesús indicó que nadie de la era del Antiguo Testamento fue mayor que Juan el Bautista, pues él nació después que ellos. Pero luego, el Señor Jesús dijo que el más pequeño en el reino de los cielos es mayor que Juan el Bautista. Bajo este mismo principio, tenemos que admitir que todos aquellos que nacerán en los días finales de esta era serán mayores que aquellos que nacieron al principio de esta era.

A lo largo de las generaciones los judíos guardaron celosamente la apariencia externa, pero un día vino la realidad de todo ello. Cristo vino como la realidad del tabernáculo y el sacerdocio, pero los que valoraban el tabernáculo y el sacerdocio se opusieron a Él. Saulo de Tarso fue un ejemplo. Aunque esta Persona genuina, Jesucristo, vino y dio cumplimiento a todo, pasando por la encarnación, el vivir humano, la crucifixión, la resurrección y aun la ascensión, Saulo de Tarso valoró al máximo todas las formas externas. Saulo conocía todo lo relacionado con la apariencia externa, y aún así tomó la delantera para oponerse a esta Persona genuina. Pero mientras Saulo lo estaba persiguiendo, esta Persona vino a él y se interpuso a propósito en su camino. Este incidente cambió a Saulo ya que lo sacó, no del pecado ni del mundo, sino de los tipos, de todo lo externo, y lo llevó a Cristo mismo. Mientras el Señor Jesús llevaba a cabo Su ministerio durante esos tres años y medio, la oposición que encontró provino principalmente de aquellos que valoraban y guardaban celosamente la apariencia externa. Este era una período de transición en el cual las formas externas del Antiguo Testamento fueron transferidas a la realidad neotestamentaria.

VALORAR LA ESTRUCTURA EXTERNA

En el Nuevo Testamento, vemos que la iglesia fue establecida primero y luego surgieron los escritos del Nuevo Testamento para revelar al Cristo misterioso y todo-inclusivo. Debemos comprender que tanto el establecimiento de la iglesia como esos escritos han llegado a ser la estructura externa valorada por los cristianos; no obstante, lo real, lo genuino, es Cristo y el Cristo agrandado. Al decir "Cristo" nos referimos al Cristo de Dios, y al decir "el Cristo agrandado" nos referimos al Cuerpo de Cristo. Ambos son misteriosos; ambos son divinos; ambos son conceptos difíciles de entender según la mentalidad humana. Incluso durante los tiempos en que vivían los apóstoles, estos misterios divinos fueron descuidados por la gente que valoraba solamente la estructura externa de la iglesia y los escritos que revelan a Cristo.

A partir del primer siglo surgieron diferentes debates sobre doctrinas, algunos de los cuales giraban en torno a la Persona de Cristo. Se introdujeron diferentes enseñanzas y se infiltraron sigilosamente el judaísmo, el gnosticismo y otras herejías. Las herejías, así como las doctrinas bíblicas expuestas por los padres de la iglesia, se conviertieron en distracciones, o sea, que los debates entre los herejes y los que tenían las enseñanzas verdaderas distrajeron a los creyentes genuinos. Estas discusiones alejaron a los creyentes de su contacto personal y directo con el Cristo genuino y vivo. Estos debates han continuado durante siglos, aun hasta el día de hoy. En la actualidad, muchos creyentes genuinos se han distraído de la Persona misma de Cristo.

Debido a que los cristianos se han distraído de Cristo, la organización jerárquica vino a reemplazar la práctica genuina de la iglesia. Esto empezó desde el tiempo de Ignacio, quien enseñó que uno que vigila, un obispo, estaba por encima de un anciano. Aunque Ignacio era un hermano genuino y amado, ciertamente Satanás lo usó para introducir una enseñanza errónea: que uno que vigila tiene una posición más alta que un anciano. De esta raíz maligna nació la jerarquía de obispos, arzobispos, cardenales y el Papa. Dicha jerarquía brotó de una pequeña raíz introducida por un hermano genuino y maestro bíblico.

Constantino el Grande se dio cuenta de que la verdad cristiana era un factor decisivo que podía afectar a la gente de su imperio, así que pronunció el cristianismo la religión oficial del estado. En el Concilio de Nicea, en el año 325 d. de C., Constantino trató de unificar a todos los diferentes maestros, lo cual sentó las bases del catolicismo. La Iglesia Católica Romana surgió de allí, y ya para finales del siglo sexto el sistema papal había sido establecido plenamente. Posteriormente, se perdió todo el significado divino en cuanto a Cristo y la iglesia. La iglesia llegó ser solamente algo externo y desapareció su realidad interior. Cristo llegó a ser sólo un nombre para ellos.

LA LINEA CENTRAL

Pero la historia narra que por la misericordia de Dios, a través de todos los siglos se ha mantenido una línea central. Ciertamente ha habido una línea de la realidad divina, pero ésta siempre se mantuvo en una escala pequeña.

En la época de la Reforma el Señor usó a Martín Lutero para recobrar la justificación por fe, que consiste en experimentar a Cristo como nuestra justicia. Recobrar la justificación por fe es simplemente retomar un punto de la verdad doctrinal, pero experimentar a Cristo como nuestra justicia es recobrar la Persona. Actualmente, la Iglesia Luterana guarda celosamente la doctrina de la justificación por fe, pero muchos de sus miembros no han sido justificados ya que no toman a Cristo, la Persona viva, como la justicia de ellos. En el tiempo de Lutero la intención de Dios no fue sólo recobrar la doctrina de la justificación por fe, sino recobrar la experiencia de que Su Hijo Jesucristo sea nuestra justicia. A menos que Cristo sea nuestra justicia, nuestra fe no puede justificarnos ante Dios.

Sin embargo, la mayoría de las personas consideran que la Reforma recobró cierta clase de doctrina. Conforme a este pensamiento, después de la Reforma también se recobraron otras doctrinas y prácticas. Por ejemplo, el presbiterio, o sea el gobierno de la iglesia efectuado por medio de los ancianos, fue recobrado, así que se estableció la Iglesia Presbiteriana. También se recuperó el obispado, y de allí nació la Iglesia Episcopal. Algunos cristianos en el norte de Europa descubrieron que el bautismo debía ser por inmersión y no por aspersión, así que practicaron el bautismo por inmersión y se les llamó bautistas; esta práctica produjo la Iglesia Bautista. Otros grupos recobraron algunas enseñanzas y prácticas con relación a la santidad, así que se produjeron "iglesias santas". A partir del último siglo algunos recobraron la práctica de hablar en lenguas, y de esta manera surgió la Iglesia Pentecostés. Todos éstos son simplemente recobros de doctrinas y prácticas, pero por lo general dejan a Cristo a un lado. Hace un siglo y medio nació en Inglaterra la Asamblea de los Hermanos. Al principio ellos pusieron mucha atención en Cristo, pero más tarde se distrajeron y se centraron más en las doctrinas y las prácticas que en Cristo mismo. Después, el recobro del Señor surgió en China; al principio, incluso entre nosotros le dimos más énfasis a las doctrinas y prácticas que a la Persona de Cristo.

En 1933 empecé a laborar en el ministerio directamente con el hermano Nee. En aquel tiempo él editaba una publicación que difundía noticias de la iglesia. Todos los artículos giraban en torno al bautismo por inmersión, a que se abandonara las denominaciones, el cubrirse la cabeza y otras prácticas externas; por tanto, todas las cartas provenientes de los diferentes lugares testificaban de estas cosas. En ese entonces, el hermano Nee estaba muy ocupado y, además, estaba débil físicamente, así que asignó a la hermana Lee, una hermana mayor, como la editora principal. En ocasiones la hermana Lee viajaba, y en esos tiempos se me encargó a que hiciera el trabajo editorial. Un día el hermano Nee me escribió una carta diciendo que quería anunciar en la publicación que, de allí en adelante, todo aquel hermano que siguiera predicando y enseñando el dejar las denominaciones, el bautismo por inmersión, el tener la mesa del Señor en lugar de "la santa comunión", el cubrirse la cabeza, etc., ya no sería más nuestro colaborador. Luego, me escribió otra carta diciendo que por causa de esta situación teníamos que suspender dicha publicación. El aconsejó a todos los hermanos a que abandonaran las formas externas y se dedicaran solamente al Cristo vencedor. Los animó a que experimentaran la vida vencedora de Cristo.

EL DIOS TRIUNO IMPARTIDO EN SU PUEBLO REDIMIDO

Desde aquel tiempo empecé a ver que lo que el Señor quería recobrar principalmente en la era presente no son doctrinas y prácticas. No obstante, cuando la mayoría de los creyentes consideran el recobro del Señor, por lo general piensan en doctrinas y prácticas.

Temo que usted, inconscientemente, también considere que el recobro del Señor consiste en recuperar doctrinas, prácticas y experiencias espirituales. Quizás aún no tenga el entendimiento básico de que la intención de Dios es obtener un recobro absoluta y completamente centrado en la Persona de Cristo. Dios desea obtener un recobro en el que el Dios Triuno se imparta en Su pueblo redimido, a fin de que El sea el mismo ser de ellos y que esto produzca la vida de iglesia. Dicha vida de iglesia será un candelero de oro, la corporificación misma del Padre, del Hijo y del Espíritu. Debemos entender claramente que el recobro del Señor es simplemente el Dios Triuno impartido en Su pueblo redimido.

Por eso en los capítulos anteriores hemos indicado que las Santas Escrituras, desde Génesis 1 hasta Apocalipsis 22, muestran que Dios desea obtener un pueblo que sea Su expresión. Esto puede realizarse únicamente cuando Dios mismo se forje en Su pueblo llegando a ser la vida y naturaleza de ellos. Este pueblo que se mezcla con el Dios Triuno llega a ser la expresión de El. Aparentemente es correcto tener la meta de ser santos, ser espirituales, crecer y hacer algunas cosas espirituales, pero la raíz errónea todavía está arraigada en nuestro ser. No necesitamos buscar la espiritualidad ni la santidad, ni tenemos que esforzarnos por vivir a Cristo; simplemente necesitamos buscar la Persona viviente de Cristo. Cuando tenemos a esta Persona viviente, lo tenemos todo. Necesitamos una visión clara y todo-inclusiva para ver a tal Persona; si profundizamos en los escritos de Pablo y Juan, podremos ver que ellos no dieron énfasis a la búsqueda de esto o aquello, sino principalmente presentaron a una Persona viviente. Sin embargo, actualmente muchos cristianos, incluyéndonos a nosotros mismos, buscan muchas otras cosas y no van en pos de esta Persona viviente. Los evangelistas han traído muchas almas a Cristo, pero tenemos que preguntarnos cuántas de ellas experimentan realmente a Cristo y lo han ganado. Bajo este mismo principio, aunque tengamos la vida de iglesia, debemos preguntarnos cuánto hemos experimentado, ganado y disfrutado a Cristo mismo.

El libro de Apocalipsis se ha convertido en una distracción para muchos cristianos que lo estudian. Los que se dedican al estudio de la Biblia desean conocer la interpretación de las profecías y descubrir cuáles son las diferente eras. Sin embargo, son muy pocos los que han puesto atención al verdadero significado de los candeleros, o comer el árbol de la vida o participar del maná escondido. Por ejemplo, a pesar de que los evangelistas citan Apocalipsis 3:20, que dice que el Señor está a la puerta llamando, raramente citan la siguiente cláusula del mismo versículo, donde dice que el Señor entrará y cenará con aquellos que abran la puerta. Ellos no mencionan el comer porque realmente no han tenido mucha experiencia al respecto. No han visto que al disfrutar de forma práctica a Cristo, los que disfrutan llegan a ser los vencedores que se sentarán con Él en Su trono (3:21). Pocos lectores de Apocalipsis han prestado la debida atención al hecho de que hay que disfrutar a Cristo; en cambio, le dan énfasis a muchas otras cosas.

Como mencionamos en el capítulo anterior, Apocalipsis abarca el tema particular de disfrutar a Cristo como el árbol de vida, como el maná escondido y como la fiesta. Estos son el cumplimiento del árbol de la vida mencionado en Génesis 2, del maná en Éxodo 16, y de la fiesta de las riquezas de la buena tierra en Deuteronomio 12. Incluso el orden de esta secuencia es correcto. Primero está el árbol de la vida; después, el maná escondido; y finalmente, la fiesta. Esto indica que el Hijo del Hombre, quien anda en medio de los candeleros, no sólo purifica a las iglesias sino que también las alimenta con el disfrute particular de Su Persona como nutrición divina. Al ser nutridos de esta manera, crecemos y somos transformados en una piedra blanca para edificar el templo de Dios a fin de expresarlo (2:17). Algunos pueden incluso ser edificados como columnas en el templo de Dios (3:12).

También vimos que en la consumación de la expresión de Dios, todavía disfrutaremos a Cristo como el árbol de la vida y el agua de vida. En Apocalipsis 22 vemos a Dios y el Cordero y un río de agua de vida, lo cual representa al Dios Triuno: Dios el Padre y el Cordero, el Hijo, y el río que fluye, el Espíritu. Esta no es mi interpretación, porque el Señor Jesús dijo claramente en Juan 7 que el río que fluye es el Espíritu (vs. 38-39). Así que incluso en la eternidad, el Padre, el Hijo y el Espíritu —el Dios Triuno— continuará impartiéndose en

Su pueblo redimido. Esta es la realidad divina. Debemos orar-leer todos los versículos respecto a estas revelaciones, conocerlas bien, experimentarlas y también aprender a presentarlas debidamente a otros. Necesitamos ser rescatados de poner nuestra atención sólo en las doctrinas y las prácticas. Debemos aprender a entender la economía de Dios conforme a Su revelación divina y a Su Palabra Santa.

Cuando la gente nos pregunte acerca de las iglesias locales, es muy fácil hablar simplemente del terreno de unidad, de una iglesia en una ciudad, etc. Pero debemos darnos cuenta de que eso puede ser solamente una forma externa. Las personas necesitan la realidad divina interior. Esta realidad divina interior es el elemento que más convence, subyuga y satisface.

ACERCA DEL AUTOR

Witness Lee nació en 1905 en el seno de una familia cristiana al norte de China. A la edad de diecinueve años fue plenamente cautivado por Cristo y de inmediato dedicó su vida a predicar el evangelio. Poco después de comenzar a servir al Señor, conoció a Watchman Nee, un renombrado predicador, maestro y escritor cristiano. Witness Lee laboró junto con él y bajo su dirección. En 1934 Watchman Nee confió a Witness Lee la responsabilidad de la Librería evangélica de Shanghai, la cual publicaba sus escritos.

En 1949, antes de que el régimen comunista se estableciera en China, Watchman Nee y sus colaboradores enviaron a Witness Lee a Taiwan para que no se perdiera lo que el Señor les había encomendado. Watchman Nee encargó a Witness Lee que continuara la obra de publicación por medio de la Librería evangélica de Taiwan, la cual es reconocida públicamente como la editora de las obras de Watchman Nee fuera de la China. La labor de Witness Lee en Taiwan manifestó la abundante bendición del Señor. Comenzando con un grupo de 350 creyentes, la mayoría de los cuales había huido de la China continental, las iglesias en Taiwan llegaron a 20,000 miembros en cinco años.

En 1962 Witness Lee fue guiado por el Señor a mudarse a los Estados Unidos y se radicó en California. Durante sus 35 años de servicio en dicho país, dio miles de mensajes en reuniones durante la semana y en conferencias los fines de semana. Una gran parte de sus mensajes se ha publicado en más de 400 libros, muchos de los cuales han sido traducidos a más de catorce idiomas. Dio su última conferencia en febrero de 1997 a la edad de 91 años.

Witness Lee deja como legado una amplia presentación de la verdad contenida en la Biblia. Su obra principal, *Estudio-vida de la Biblia*, consta de más de 25,000 páginas de explicaciones sobre todos los libros de la Biblia, desde la perspectiva del disfrute y la experiencia que el creyente tiene de la vida de Dios en Cristo por medio del Espíritu Santo. Witness Lee fue el editor principal de una nueva traducción del Nuevo Testamento al chino, y dirigió la traducción del mismo al inglés. La Versión Recobro también ha sido traducida a otros idiomas, incluyendo el español, y contiene un cuerpo extenso de notas de pie de página, bosquejos y citas paralelas. Los mensajes de Witness Lee se transmiten por la radio en numerosas emisoras cristianas en los Estados Unidos y en otros países. En 1965 Witness Lee fundó Living Stream Ministry, una corporación sin ánimo de lucro radicada en Anaheim California, la cual difunde oficialmente el ministerio de Witness Lee y Watchman Nee.

El ministerio de Witness Lee se centra en la experiencia que el creyente tiene de Cristo como vida y en la unidad práctica de los creyentes como Cuerpo de Cristo. Con este énfasis, él guió a las iglesias que estuvieron bajo su cuidado a crecer en la vida y el servicio cristiano. Fue firme en su convicción de que Dios no se complace en el sectarismo, sino que tiene como meta producir el Cuerpo de Cristo. En respuesta a dicha convicción, los creyentes simplemente empezaron a reunirse como la iglesia en sus localidades. En años recientes, numerosas iglesias han sido establecidas en Rusia y en varios países de Europa.

OTROS LIBROS PUBLICADOS POR
Living Stream Ministry

Títulos por Witness Lee:

La experiencia de vida	0-87083-632-3
El conocimiento de la vida	0-87083-917-9
El árbol de la vida	1-57593-813-8
La economía de Dios	0-87083-536-x
La economía divina	0-87083-443-6
La economía neotestamentaria de Dios	0-87083-252-2
Cristo es contrario a la religión	0-7363-1012-6
El Cristo todo-inclusivo	0-87083-626-9
La revelación básica contenida en las santas Escrituras	1-57593-323-3
La revelación crucial de la vida hallada en las Escrituras	1-57593-811-1
El Espíritu con nuestro espíritu	0-7363-0259-x
La expresión práctica de la iglesia	0-87083-905-5
La especialidad, la generalidad y el sentido práctico de la vida de iglesia	0-87083-123-2
La carne y el espíritu	0-87083-793-1
Nuestro espíritu humano	0-87083-259-x
La autobiografía de una persona que vive en el espíritu	0-7263-1126-2
La preciosa sangre de Cristo (folleto)	0-7363-0228-x
La certeza, seguridad y gozo de la salvación (folleto)	0-7363-0991-8
Los vencedores	0-87083-724-9

Títulos por Watchman Nee:

Cómo estudiar la Biblia	0-7363-0539-4
Los vencedores que Dios busca	0-7363-0651-x
El nuevo pacto	0-7363-0064-3
El hombre espiritual	0-7363-0699-4
La autoridad y la sumisión	0-7363-0987-x
La vida que vence	1-57593-909-6
La iglesia gloriosa	0-87083-971-3
El ministerio de oración de la iglesia	1-57593-908-8
El quebrantamiento del hombre exterior y la liberación del espíritu	1-57593-380-2
El misterio de Cristo	1-57593-395-0
El Dios de Abraham, de Isaac y de Jacob	1-57593-377-2
El cantar de los cantares	1-57593-956-8
El evangelio de Dios (2 tomos)	1-57593-940-1
La vida cristiana normal de la iglesia	0-87083-495-9
El carácter del obrero del Señor	1-57593-449-3
La fe cristiana normal	0-87083-779-6

Disponibles en
librerías cristianas o en Living Stream Ministry
2431 W. La Palma Ave. • Anaheim CA 92801
1-800-549-5164 • www.livingstream.com